DARAUS KANN ICH WAS BASTELN

KREATIVE IDEEN MIT PAPIER UND KLEBER

James Maclaine
und Lizzie Cope

Illustrationen:
Harriet Noble und
Juliana Eigner

Gestaltung:
Jenny Offley

INHALT

Möchtest du mich zuerst basteln? Auf Seite 20–21 findest du die Anleitung.

Auf Seite 38–39 erfährst du, wie du aus Papier eine Baumwurzel drehen kannst.

Toll, dass man mit Papier so viele Dinge basteln kann!

PAPIER UND KLEBER – GRUNDLAGEN

Mit diesen Tipps und Tricks kannst du die Bastelideen im Buch ganz einfach umsetzen.

PAPIERSORTEN

Du kannst aus vielen verschiedenen Papiersorten etwas basteln: aus weißem Papier, gemustertem Geschenkpapier, feinem Seidenpapier, weichem Küchenpapier, braunem Packpapier und bunten Seiten aus Zeitschriften.

Bei einigen Bastelideen ist die Papiersorte vorgegeben, bei anderen kannst du frei wählen.

Papier kann eine **RAUE** Oberfläche haben …

… oder sich **GLATT** anfühlen.

Es ist schwer, auf **GLÄNZENDEM** Papier zu schreiben.

PAUSPAPIER

Bei manchen Bastelideen sollst du Bilder durchpausen. Wenn du kein Pauspapier hast, kannst du auch dünnes weißes Papier oder Backpapier verwenden.

EIN QUADRAT ZUSCHNEIDEN

Es ist ganz einfach, ein Quadrat aus einem rechteckigen Blatt Papier zuzuschneiden.

1 Falte die linke obere Ecke eines rechteckigen Blatts an die untere Kante.

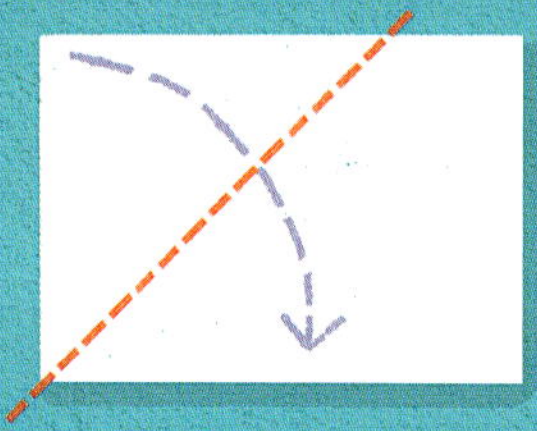

2 Ziehe mit einem Lineal eine Linie an der Papierkante. Schneide das Papier dort ab.

3 Wenn du das Dreieck öffnest, hast du ein Quadrat.

SCHNEIDEN UND FALTEN

Um Formen sorgfältig auszuschneiden, zeichne sie zuerst auf. Schneide sie dann entlang der Linie aus.

Wenn du ein Blatt Papier faltest, lege die Kanten so genau wie möglich übereinander.

Ziehe dann eine Fingerspitze fest entlang des Knicks, um das Papier glatt zu streichen.

RESTSTÜCKE VERWERTEN

Hebe Reststücke auf, um kleinere Formen für deine nächsten Bastelprojekte auszuschneiden.

Wenn du einen Locher hast, kannst du die kleinen Papierkreise als Punkte verwenden.

KLEBER-TIPPS

Du kannst entweder einen Klebestift oder Flüssigkleber (am besten weißen Bastelkleber) verwenden, es sei denn, die Anleitung gibt eine bestimmte Art Kleber vor.

Verschließe den Kleber immer, damit er nicht austrocknet.

Lege Zeitungs- oder Schmierpapier unter die Teile, die du zusammenklebst, um den Tisch zu schützen.

Mit alten Pinseln kannst du Flüssigkleber gut verteilen.

Denke daran, den Pinsel nach der Verwendung gut auszuwaschen und trocknen zu lassen.

Gib etwas Flüssigkleber auf ein Stück Pappe, um deinen Pinsel einfacher eintauchen zu können.

Verwende Kleber sparsam – aber es macht nichts, wenn du zu viel nimmst. Er trocknet meist, ohne Spuren zu hinterlassen.

SEEROSENTEICH

Diese Papierblumen schwimmen wie Seerosen auf einem Teich. Du wirst erstaunt sein, wie sich ihre Blüten öffnen.

1 Zeichne einen Kreis um eine Tasse auf ein Blatt Papier. Schneide ihn aus.

2 Falte den Kreis dreimal jeweils in der Mitte, so wie hier gezeigt.

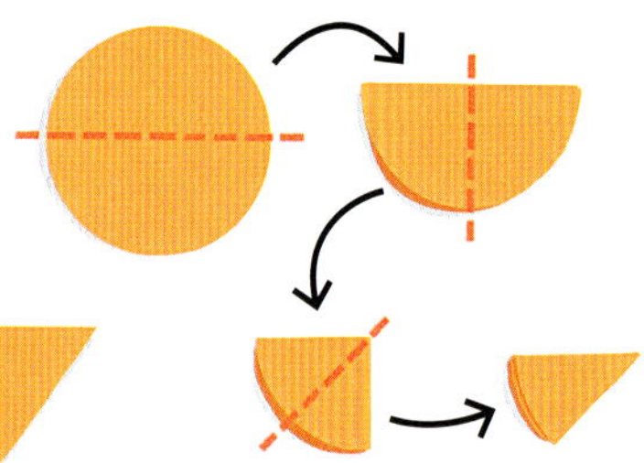

3 Übertrage diese blaue Linie auf dein Papier und schneide an ihr entlang durch alle Lagen.

4 Öffne deine Seerose und falte jedes Blütenblatt zur Mitte hin.

5 Bastle weitere Seerosen und verziere sie anhand der Ideen auf diesen Seiten. Fülle eine Schüssel oder Auflaufform mit Wasser und lege alle **GEFALTETEN** Seerosen hinein.

IN DER MITTE

Zeichne einen Kreis um den Deckel eines Klebestifts und schneide ihn aus.

Klebe den Kreis in die Mitte deiner Seerose.

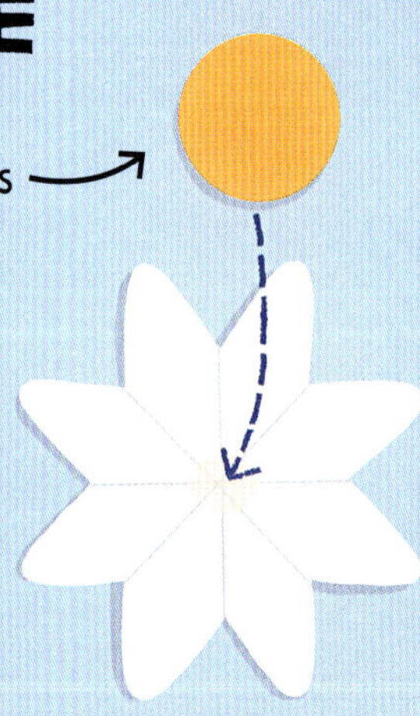

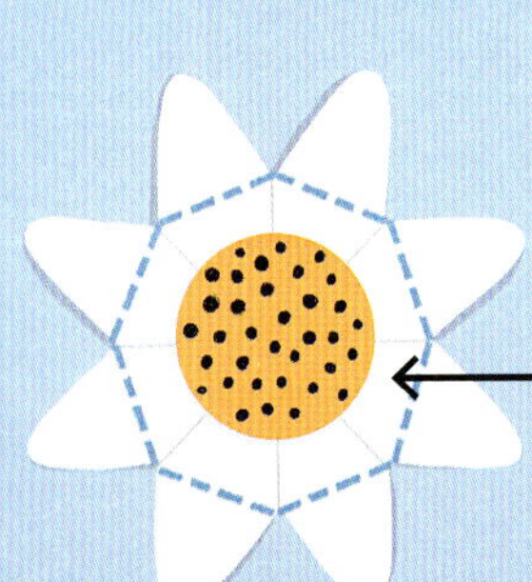

Füge mit einem Stift Details hinzu, bevor du die Blütenblätter faltest.

BLÄTTER

Du kannst auch Seerosenblätter aufs Wasser legen. Schneide diese Formen aus grünem Papier aus.

BLATTFORMEN

Zeichne diese Linien, um dreieckige Blütenblätter zu schneiden ...

... und diese Linie, um runde Blütenblätter zu erhalten.

DOPPELTE SEEROSE

Bastle zuerst eine kleine Seerose. Zeichne dafür einen Kreis um etwas Rundes, das kleiner ist als die Tasse in Schritt 1.

Klebe sie in eine große Seerose. Falte dann die Blütenblätter von **BEIDEN** nach innen.

Es dauert ein wenig, aber **ALLE** Blütenblätter werden sich öffnen.

Mache Fotos oder ein Video von deinem Seerosenteich.

Zeichne mit einem Lineal Linien auf jedes Blatt.

WARUM ÖFFNEN SIE SICH?

Das Papier saugt sich mit Wasser voll. Dadurch quillt es auf, sodass sich die Blätter öffnen.

PAPIER-TRICK

Hast du gewusst, dass du aus einem Papierring zwei Ringe machen kannst, die miteinander verbunden sind?

1 Zeichne mit einem Lineal zwei Linien auf einen langen, schmalen Papierstreifen, um ihn in drei Bereiche zu unterteilen.

Male Punkte in Rosa, Rot, Blau und Grün wie hier. Sie helfen dir bei den nächsten Schritten.

2 Drehe den Papierstreifen so wie hier.

3 Klebe die Enden zusammen, sodass der rote auf dem blauen und der grüne auf dem rosa Punkt klebt.

4 Drücke die Verbindungsstelle fest zusammen.

Wenn du mit einem Finger auf der Oberfläche entlangfährst, merkst du, dass der Ring nur eine Seite hat. Man nennt ihn Möbiusband.

5 Schneide mit deiner Schere in den Streifen (wie im Bild), um dann entlang einer der Linien schneiden zu können.

6 Schneide immer weiter entlang der Linie, auch wenn du sie nur von der anderen Seite des Papiers durchscheinen siehst.

Schneide so lange, bis aus einem Ring zwei entstanden sind.

RINGE WERFEN

Bastle Papierringe, die fest genug sind, um damit zu spielen. Kannst du sie über ein Ziel werfen?

1 Um einen Ring zu basteln, verteile Kleber entlang der unteren langen Seite eines dünnen Blatt Papiers. Falte es nach oben.

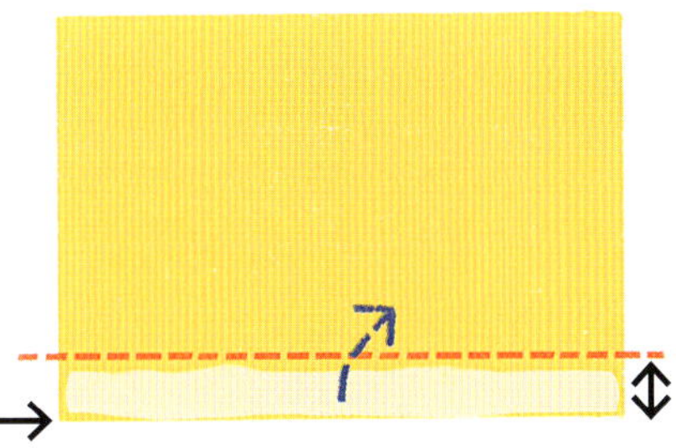

Der Streifen muss etwa 2,5 cm breit sein.

2 Wiederhole den Klebe- und Faltvorgang mehrere Male. Falte zum Schluss das Papierende nach unten und klebe es fest.

3 Wiederhole Schritt 1 und 2 mit einem anderen gleichgroßen Blatt Papier.

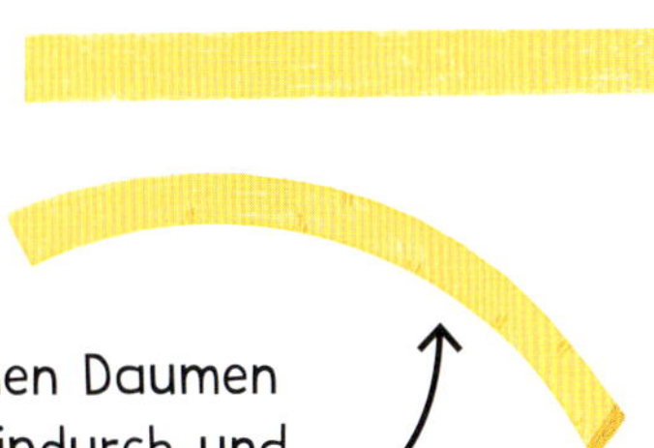

Ziehe jeden Streifen zwischen Daumen und Fingern deiner Hand hindurch und drücke ihn fest. Mache das ein paar Mal, damit sich das Papier biegt.

4 Klebe die zwei Streifen zusammen, um einen Ring zu formen. Du kannst die Verbindungsstellen mit Büroklammern zusammenhalten, während sie trocknen.

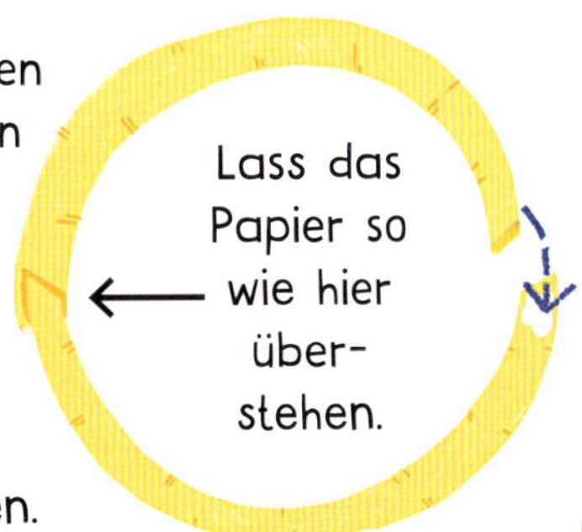

Lass das Papier so wie hier überstehen.

5 Bastle zwei weitere Ringe, damit du drei zum Spielen hast. Warte, bis der Kleber getrocknet ist, bevor du sie wirfst.

ZIEL-GEGENSTÄNDE

große Flasche

Glas

Egal, welches Ziel du wählst: Stelle dich etwas entfernt davon hin und wirf die Ringe, bis einer darüber fällt.

Draußen kannst du einen Ast in die Erde stecken.

PAPIER MARMORIEREN

Entwirf kunstvolle Muster auf Papier. Du brauchst dafür nur eine flache Schale, Wasser, Flüssigkleber und flüssige Farbe (zum Beispiel Fingerfarbe). Diese einfache Technik heißt **MARMORIEREN**.

BEREITE ZUERST DEIN MARMORIER-SET VOR

1 Schneide dickes Papier in Stücke, die kleiner als die Schale sind.

2 Fülle die Schale mit Wasser, bis es etwa 2,5 cm hoch ist. Gib zwei Esslöffel Flüssigkleber dazu. Verrühre ihn, bis das Wasser milchig wird.

3 Gib drei verschiedene Farben in Gläser. Vermische sie mit etwas Wasser, damit sie flüssiger werden.

← Wenn du schwarzes Papier hast, kannst du mit weißer Farbe marmorieren.

BEGINNE JETZT MIT DEM MARMORIEREN

1 Tauche einen Pinsel in eines der Gläser. Halte den Pinsel über die Schale, damit die Farbe hineintropft.

2 Tröpfele immer mehr Farbe hinein. Wasche den Pinsel mit klarem Wasser aus, bevor du eine andere Farbe nimmst.

3 Ziehe mit einem Holzstäbchen oder dem Griff des Pinsels vorsichtig Muster in die Farbe.

Tröpfele noch mehr Farbe darauf.

4 Lege eines der Papierstücke für einige Sekunden auf die Oberfläche. Nimm es dann vorsichtig heraus, um dein Kunstwerk zu begutachten.

Wenn es trocken ist, kannst du das Blatt unter einen Bücherstapel legen, um es zu glätten.

Wiederhole diese Schritte, um mehr Papier zu marmorieren. Wenn die Oberfläche trüb wird, sauge die Farbschicht mit Küchenpapier auf. Beginne erneut mit Kleber und frischer Farbe.

KREATIVE IDEEN

LESEZEICHEN

Schneide einen langen Streifen aus dem marmorierten Papier aus.

Stanze am kurzen Ende mit einem Locher ein Loch aus. Fädle ein Band durch und verknote es.

KARTEN

Falte ein dickes Papier in der Mitte zu einer Karte. Schneide Sterne und Blumen aus marmoriertem Papier aus, um die Karte zu verzieren.

ORIGINELLE COLLAGEN GESTALTEN

Suche interessante Bilder in alten Zeitschriften und Prospekten. Schneide sie aus, verteile sie auf einem großen Blatt Papier und klebe sie fest.

Schneide zwei Bilder mit der gleichen Form in der Mitte durch, klebe dann zwei **VERKEHRTE** Hälften zu einem neuen Objekt zusammen.

LASS GROSSES KLEIN WERDEN!

Möchtest du ein Tennisballeis mit einem Turm als Waffel?

Klebe einen Teil des Bildes über ein anderes Bild.

Zeichne oder male Bilder, schneide sie aus und klebe sie in die Collage.

HUNGRIGER HAI

Befolge die Schritte auf den nächsten drei Seiten, um einen Hai zu basteln, der sich biegen lässt. Beginne mit dem Körper aus einem 20 x 20 cm großen Quadrat aus dickem Papier.

1 Falte das Quadrat diagonal in der Mitte. Öffne es wieder.

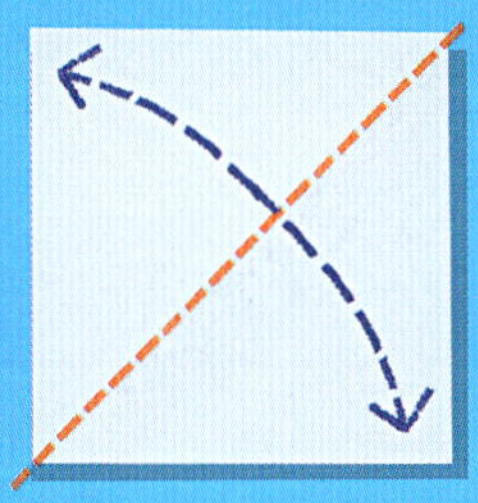

2 Falte die obere und die untere Kante an die Faltlinie in der Mitte …

… und öffne sie wieder.

3 Falte das Quadrat wieder diagonal in der Mitte.

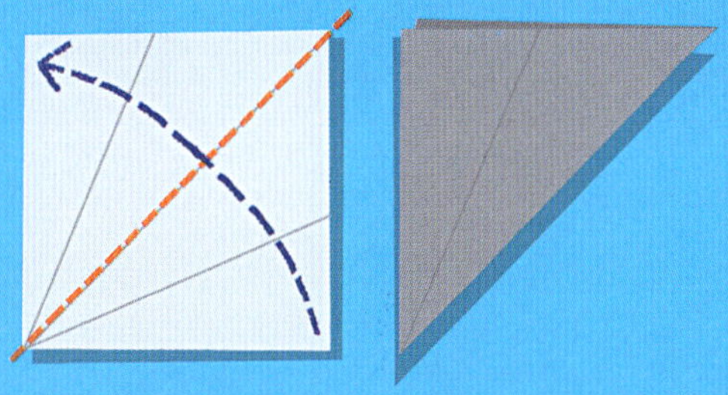

4 Schneide achtmal in den gefalteten Rand bis zur Knickfalte.

Der letzte Einschnitt sollte etwa 13 cm von der oberen rechten Ecke entfernt sein. Öffne das Dreieck wieder.

5 Klebe eine Seite auf die andere, wie hier gezeigt.

Das ist der Körper des Hais.

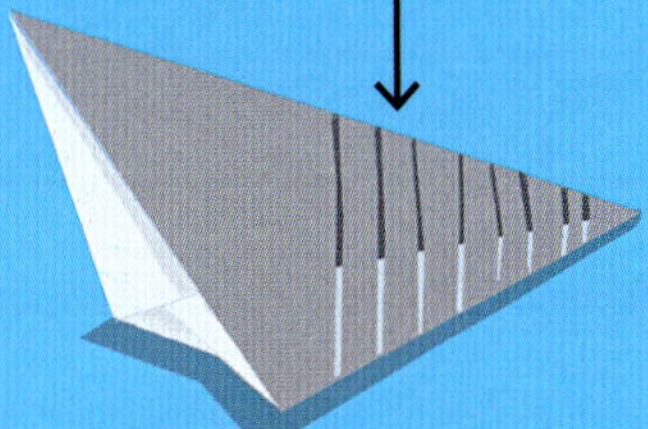

BLÄTTERE UM …

Pause alle weißen Vorlagen ab, um Flossen und Zähne hinzuzufügen.

SO PAUST DU AB

Lege Pauspapier auf die Vorlage. Fahre mit einem Bleistift die durchscheinenden schwarzen Linien entlang. Wende das Pauspapier und lege es auf dickes Papier. Fahre wieder die Linien entlang. Drücke dabei fest auf. Die Linien sollten auf dem dicken Papier sichtbar sein, damit du die Formen ausschneiden kannst.

SCHWANZFLOSSE

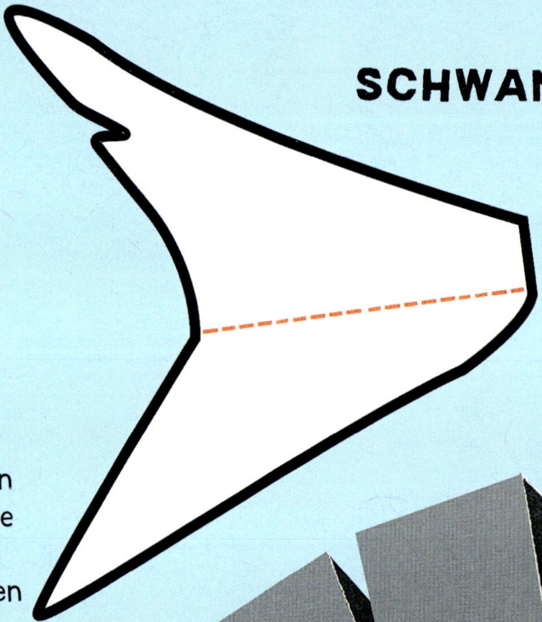

Falte die Schwanzflosse entlang der gestrichelten Linie und öffne sie. Es ist so leichter, sie an den Körper zu kleben.

ZÄHNE OBEN 2X

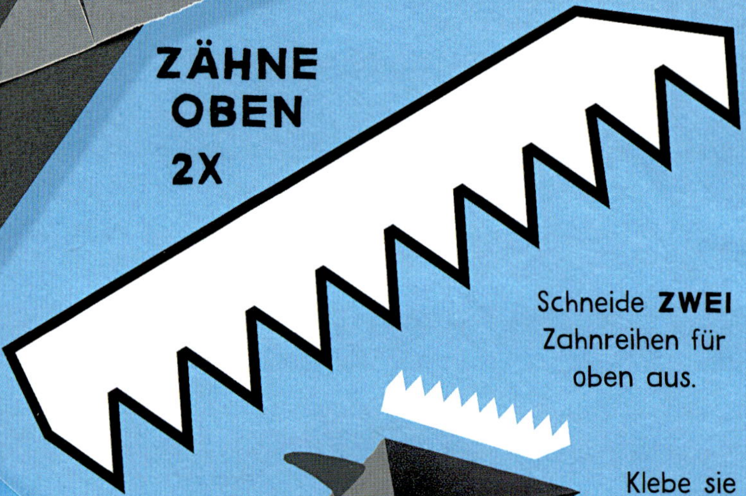

Schneide **ZWEI** Zahnreihen für oben aus.

Klebe sie dann so ins Maul.

ZÄHNE UNTEN 2X

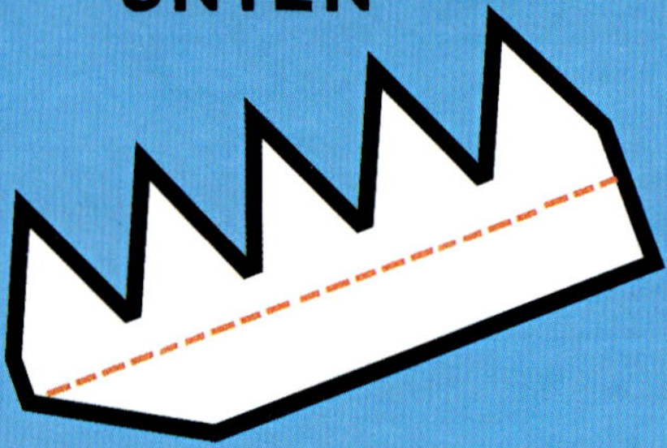

UNTERKIEFER

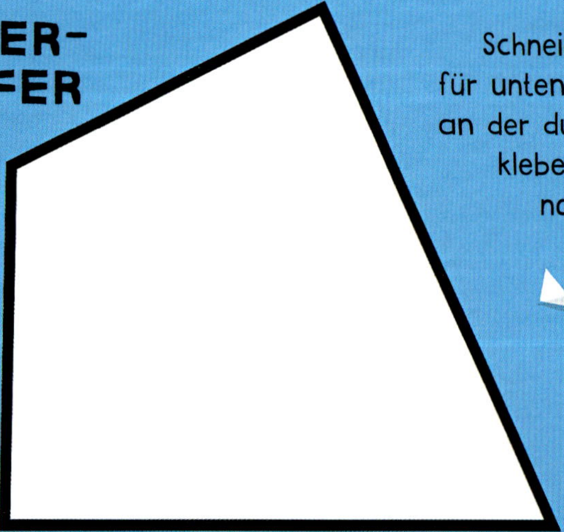

Schneide **ZWEI** Zahnreihen für unten aus. Falte eine Lasche, an der du sie an den Unterkiefer kleben kannst, damit sie nach oben zeigen.

Verteile Kleber an dieser Stelle des Unterkiefers, um ihn an die Unterseite des Hais zu kleben.

SEITENFLOSSE

Schneide **ZWEI** Seitenflossen aus und klebe sie an die Unterseite, sodass sie links und rechts hervorschauen.

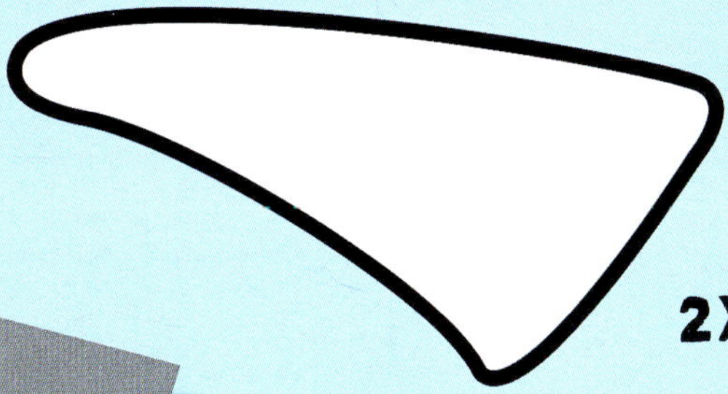

2X

RÜCKEN-FLOSSE

Schneide unten in die Flosse und falte eine Lasche nach rechts und eine nach links. Klebe beide Laschen in der Nähe des Kopfes an den Hai.

Zeichne drei gebogene Linien als **KIEMEN**.

Schneide Kreise aus weißem und schwarzem Papier als **AUGEN** aus. Die schwarzen Kreise müssen kleiner sein.

Klebe sie dann übereinander auf beide Seiten des Kopfes.

WILLKOMMEN IN PAPIERSTADT

Du erfährst unten auf diesen Seiten, wie du rechteckiges Papier zu Rollen formst. Daraus kannst du dann eine Stadt mit Wolkenkratzern bauen.

Du brauchst ein großes Blatt Papier oder ein Stück Karton, auf dem die Stadt steht. Du kannst darauf Straßen einzeichnen.

Schneide die Rolle unten gerade ab, damit sie gut stehen kann.

Wenn sie umfällt, schneide die Rolle kürzer. Dadurch wird sie standfester.

1 Verteile Kleber auf einer Seite des Papiers, aber lass unten einen Streifen frei.

2 Rolle das Ende ohne Kleber locker um einen dicken Stift. Rolle dann das Papier nach oben, um eine Rolle zu formen.

3 Schüttle die Rolle, bis der Stift herausfällt.

Falls der Ansatz dabei aufgeht, klebe ihn mit mehr Kleber fest.

Drücke die Rolle vorsichtig zusammen, um **FENSTER** einzuzeichnen. Bringe die Rolle dann wieder in ihre runde Form zurück.

Klebe das obere Ende der Rolle zu, um einen ungewöhnlich geformten Wolkenkratzer zu entwerfen.

Dieses **GROSSE** Gebäude besteht aus einer Rolle, die um eine Dose gerollt wurde.

Klebe selbst gemalte Schilder daran.

Schneide diagonal durch die Rolle, um ein **SCHRÄGES** Dach zu erhalten.

Zeichne eine Straßenmarkierung auf die Brücke.

4 Bastle mehr Rollen und schneide sie in verschiedene Längen und Formen. Daraus werden Gebäude, Bäume und Brücken.

Für ein **BREITERES GEBÄUDE** rollst du das Papier um einen Klebestift. Streiche dafür nur die Hälfte des Papiers mit Kleber ein.

Für einen **BAUM** schneidest du mehrmals in das eine Ende der Rolle. Biege die Streifen nach außen, damit sie wie Äste aussehen.

Für eine **BRÜCKE** brauchst du ein Stück dickes Papier. Lege es auf vier kurze Rollen – zwei auf jeder Seite.

RIESIGE SCHMETTERLINGE

Falte die größten Papierquadrate, die du finden kannst, zu diesen wunderschönen Schmetterlingen.

Wenn du fertig bist, klebe eine Schnur an die Rückseite oder in die Flügel deiner Schmetterlinge, um sie aufzuhängen.

1 Falte ein Quadrat viermal: von oben nach unten, von rechts nach links und zweimal diagonal von Ecke zu Ecke. Öffne es wieder.

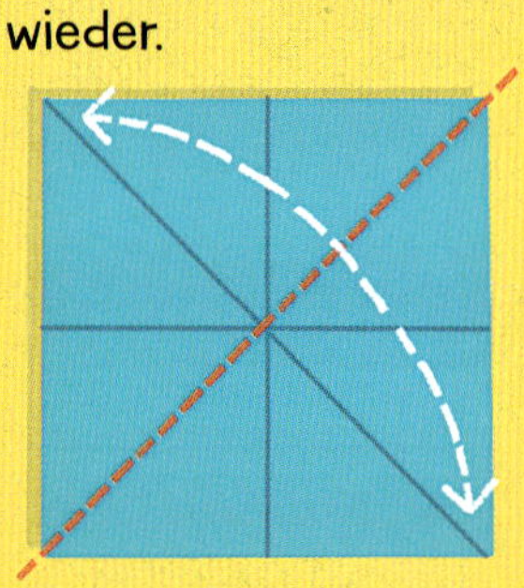

marmoriertes Papier von Seite 10–11

2 Schiebe die rosa und die orange Faltlinie zusammen, sodass sie sich berühren.

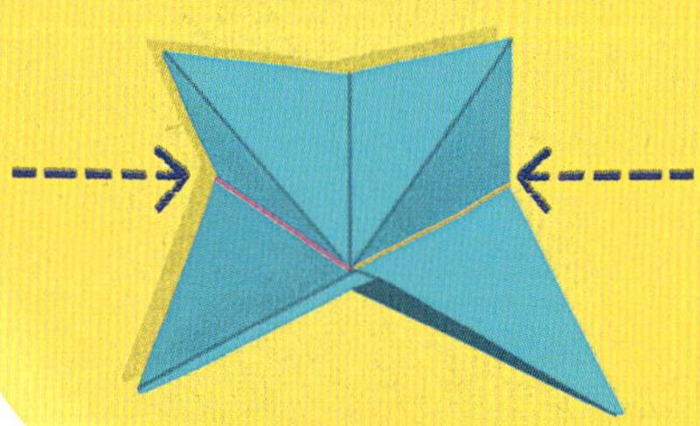

3 Streiche das Papier glatt, sodass eine Dreiecksform entsteht.

4 Falte das Dreieck in der Mitte von links nach rechts.

Übertrage diese rosa Linie. Schneide durch alle Lagen.

Zeitungspapier

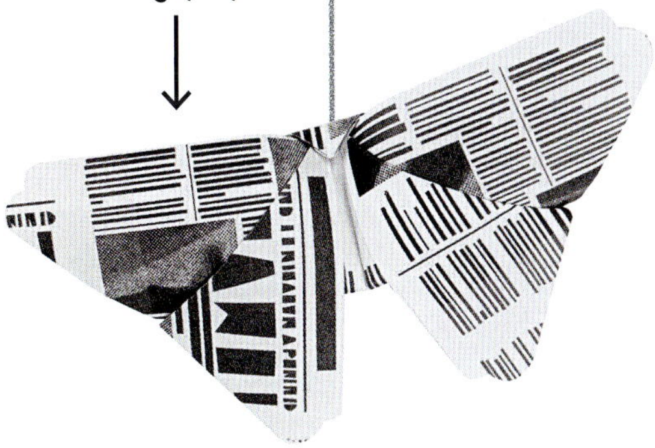

Bevor ich zu einem Schmetterling wurde, war ich Geschenkpapier.

alte Landkarte

6 Biege die untere Spitze nach hinten und ziehe sie über die obere Seite, so wie im Bild.

Klebe sie dann hier fest.

5 Öffne den letzten Faltvorgang. Falte die obere Lage links und rechts nach unten, wie im Bild.

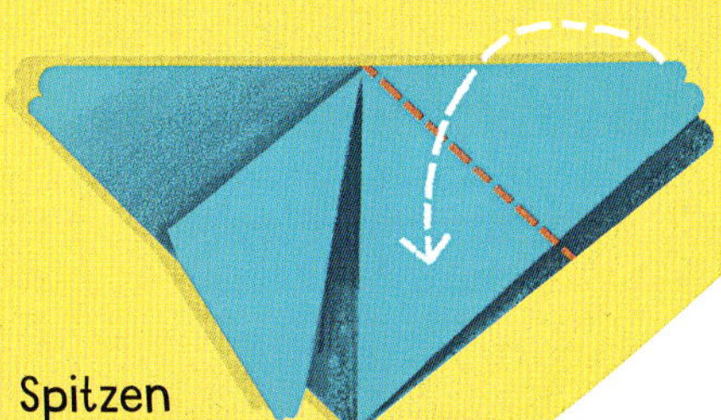

Die Spitzen nicht bis ganz zur Mitte falten!

7 Drücke den Körper des Schmetterlings zusammen. Dadurch bleibt der Kopf stabil.

WACKELNDE PAPIERHUNDE

Mit der Vorlage auf der rechten Seite kannst du einen kleinen Hund basteln, der alleine eine schräge Fläche hinuntergehen kann.

1 Lege Pauspapier über die Vorlage rechts. Fahre mit einem Bleistift und Lineal entlang der schwarzen Linien.

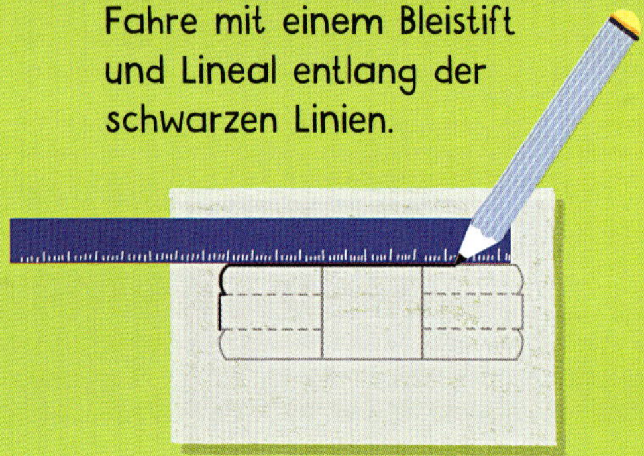

2 Wende das Pauspapier und lege es auf dickes Papier. Fahre entlang aller Linien. Drücke dabei fest mit dem Bleistift auf.

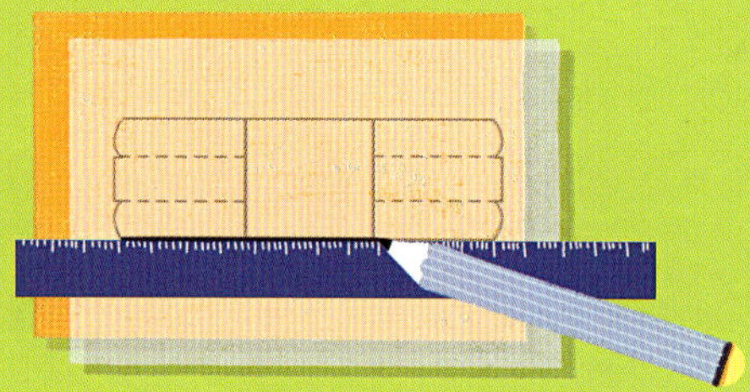

3 Die Bleistiftlinien sollten auf dem dicken Papier zu sehen sein. Schneide die Form aus.

4 Schneide entlang der vier gestrichelten Linien, um den Kopf und den Schwanz von den Beinen zu trennen.

5 Falte die Beine nach unten, damit der Hund stehen kann.

Rolle den Schwanz um einen Bleistift, damit er sich kringelt.

6 Falte den Kopf so, dass er nach oben zeigt. Falte die Spitze nach unten und drücke die Seiten zusammen, um das Gesicht zu formen.

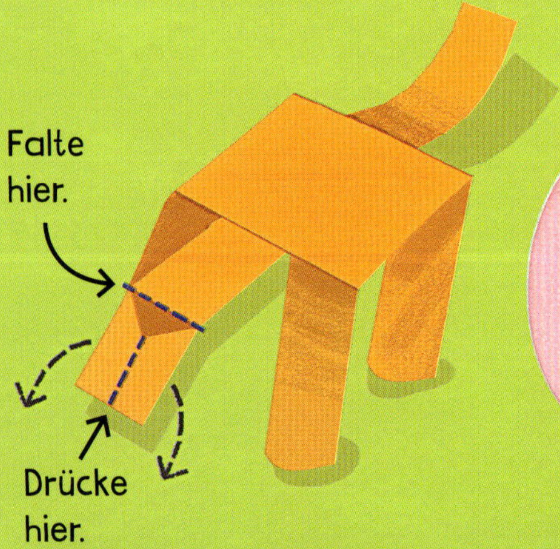

VORLAGE

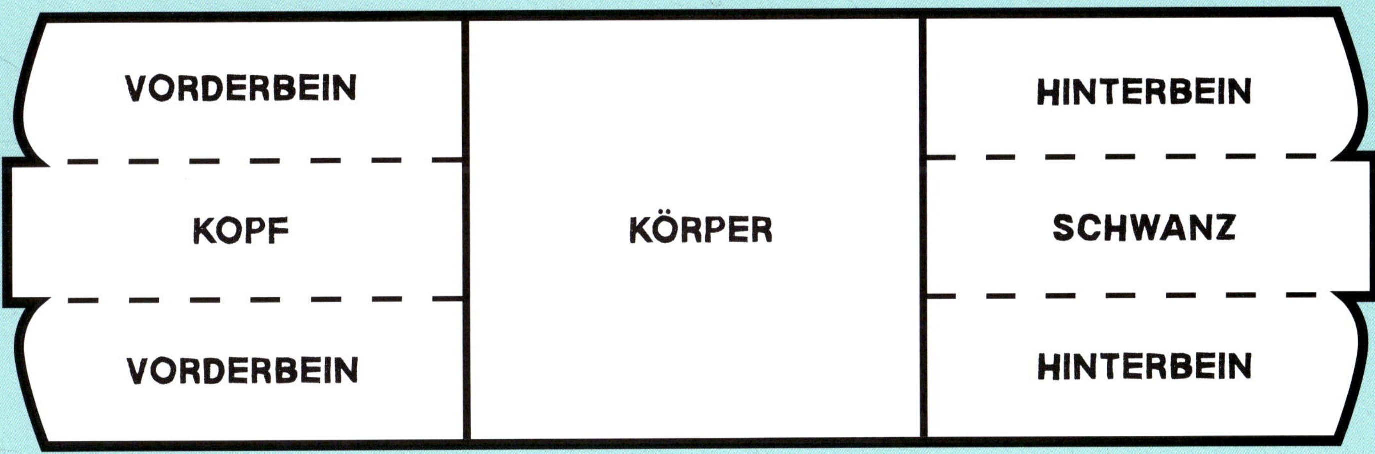

UND NUN ...

Lege ein großes, flaches Stück Pappe auf eine Schachtel oder einen Stapel Bücher.

Stelle deinen Hund oben hin und

LASS LOS!

Wenn du mehrere Hunde gebastelt hast, kannst du ein Wettrennen veranstalten.

WARUM KANN DER HUND LAUFEN?

Da seine Pfoten abgerundet sind, schwankt dein Hund von rechts nach links. Während er eine Pfote hebt, zieht ihn die **SCHWERKRAFT** die Pappe hinunter.

Du kannst Flecken, Punkte oder Fell auf deinen Hund zeichnen – oder ein Halsband. Das geht gut nach Schritt 4.

Passe die Neigung an, bis dein Hund gut läuft. Verwende einfach eine größere oder kleinere Schachtel, mehr oder weniger Bücher.

WIE STARK IST PAPIER?

Ein Blatt Papier fühlt sich sehr dünn an, aber du kannst es **SO STARK UND STABIL** machen, dass es drei überraschende Dinge kann.

BÜCHER TRAGEN

1 Falte ein rechteckiges Blatt Papier in der Mitte, wie im Bild unten.

Falte es dann noch einmal in der Mitte.

2 Öffne es und klebe diese Seite ...

... auf diese Seite, um eine Säule zu bilden.

3 Stelle sie aufrecht hin. Lege ein Buch nach dem anderen darauf. Wie viele Bücher kann die Papiersäule tragen?

ALS NÄCHSTES ...

Klebe die kurzen Seiten eines Blatt Papiers zusammen. Du hast nun eine runde Säule, die **NOCH STABILER** ist.

Die Säule hat eine durchgehende Seitenfläche. Das Gewicht der Bücher wird gleichmäßig darauf verteilt. Die Säule sollte **MEHR** Bücher tragen können. Probiere es aus!

WASSER HALTEN

1 Falte ein quadratisches Blatt Papier in der Mitte, wie im Bild gezeigt.

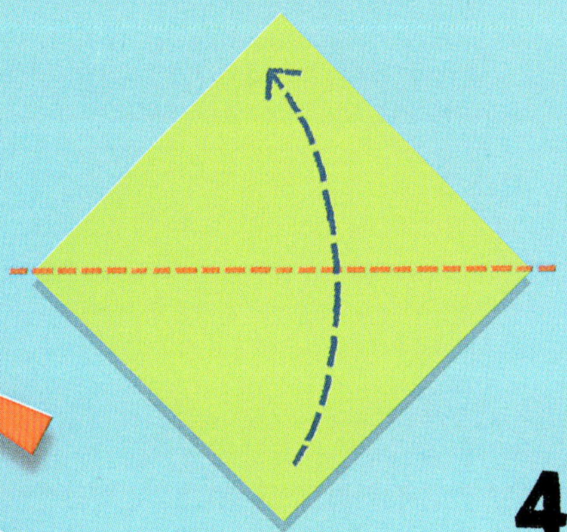

2 Falte die untere rechte Ecke zu diesem Punkt an der linken Kante.

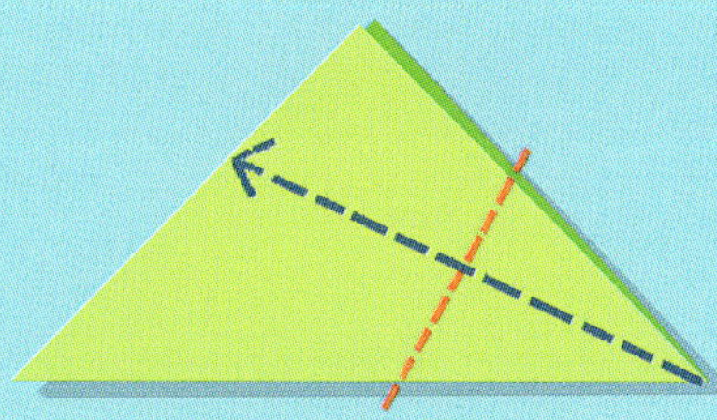

3 Falte die untere linke Ecke an diesen Punkt an der rechten Kante.

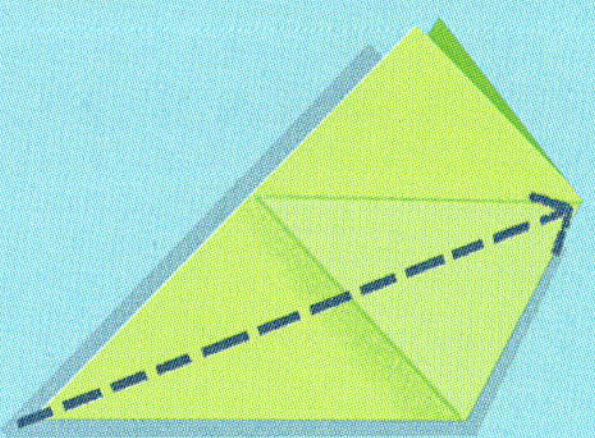

4 Falte die oberen Laschen an beiden Seiten nach unten.

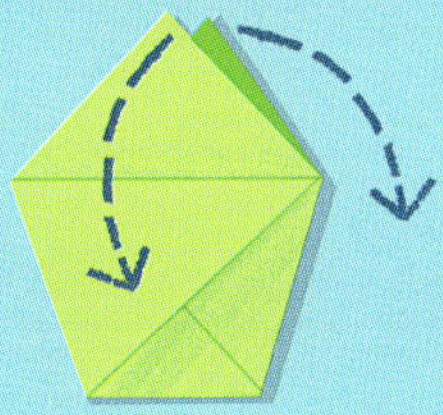

5 Teste nun deinen Becher. Fülle ihn draußen oder über einem Waschbecken mit Wasser.

Irgendwann ist das Papier durchgeweicht, aber der Becher hält das Wasser überraschend lang.

EINE BANANE SCHNEIDEN

Schneide einen Streifen aus sauberem Papier. Ziehe an beiden Enden gleichzeitig und drücke dabei die untere Kante fest durch eine geschälte Banane.

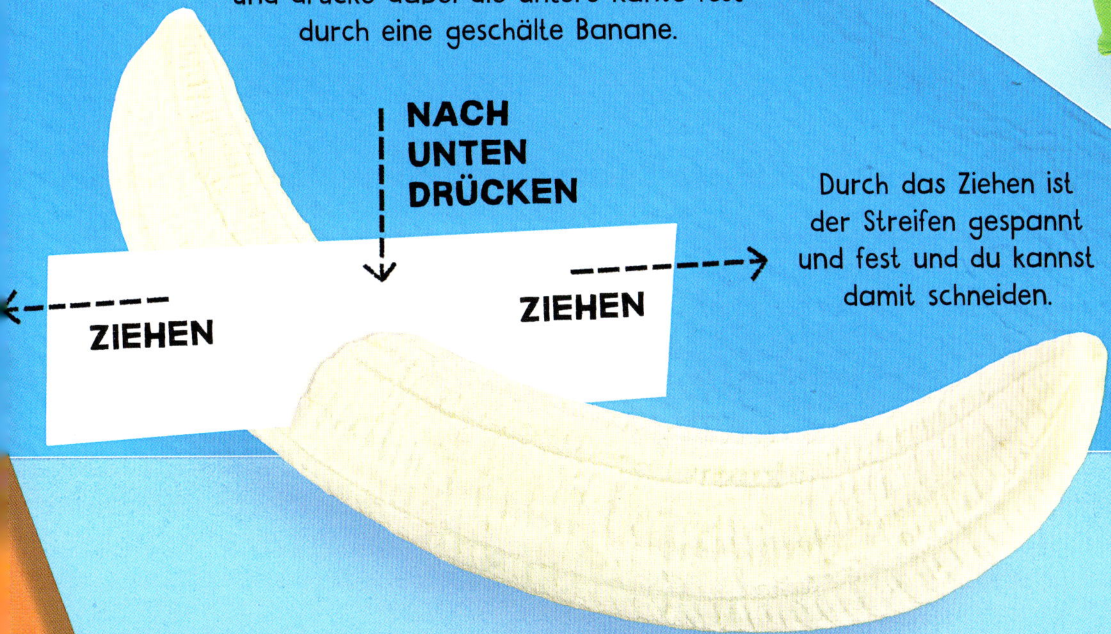

Durch das Ziehen ist der Streifen gespannt und fest und du kannst damit schneiden.

Wenn die Banane zu hart ist, versuche mit dem Streifen von links nach rechts zu sägen.

MUSTER UND BILDER IN 3-D

Um Muster und Bilder mit 3-D-Effekt zu gestalten, zerknülle, zerknautsche und rolle verschiedene Papiersorten zu kleinen Kugeln.

1 Zerreiße Papier in verschieden große Stücke. Auf diesen Seiten findest du Anregungen dafür, welches Papier du benutzen kannst.

2 Verteile Kleber auf dem Papier. Zerknülle es dann zwischen deinen Fingern oder Handflächen, um eine Kugel zu formen.

3 Entscheide, wofür du deine Kugel verwenden möchtest.

Seite aus einer Zeitschrift

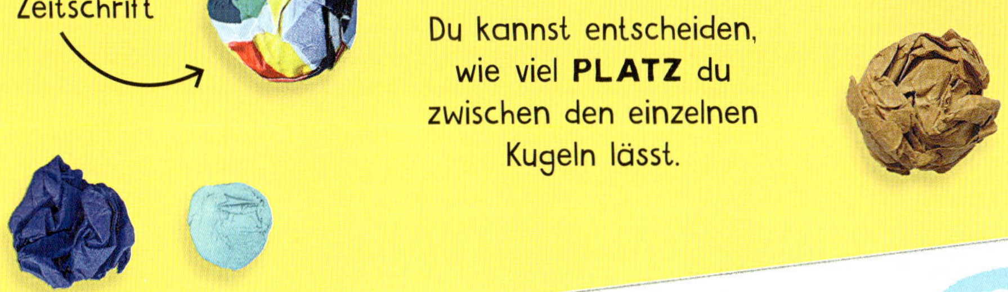

Du kannst entscheiden, wie viel **PLATZ** du zwischen den einzelnen Kugeln lässt.

gebrauchter Briefumschlag

IDEEN FÜR BILDER

Entwirf eine **MEERESSCHILDKRÖTE.** Zeichne zuerst den ovalen Panzer. Klebe dann Formen als Flossen, Kopf und Schwanz dazu.

Fülle den Panzer mit vielen Kugeln.

Zeichne eine **SPIRALE** und klebe Kugeln darauf.

Mit Filzstiften kannst du die Kugeln in interessante Dinge verwandeln. Probiere diese Vorschläge aus.

BLUME

STERNSCHNUPPE

BONBON

KREBS

PLANETEN AUS KLEBER

Hier erfährst du, wie du Planeten aus Kleber machst. Sie haben Erhebungen und Krater – wie echte Planeten.

1 Tröpfle etwas Flüssigkleber in zwei alte Gläser. Vermische ihn mit ein paar Spritzern Spülmittel und ein wenig Farbe – zum Beispiel Blau und Grün.

2 Male mit einem Pinsel runde Planetenformen auf Backpapier.

Mache **GROSSE** Planeten ... ... und **KLEINE**.

Male Punkte oder Streifen darauf.

Trage den Mix **DICK** auf.

3 Lass deine Planeten über Nacht trocknen. Ziehe sie dann vorsichtig vom Papier.

Kannst du Luftblasen sehen, wenn du deinen Planeten gegen das Licht hältst? Sie wurden im Mix eingeschlossen, während er trocknete.

4 Schneide den Rand der Planeten sauber nach. Klebe sie auf ein schwarzes Blatt Papier.

Du kannst mit einem Pinsel weiße Farbe auf das Blatt spritzen, um Sterne hinzuzufügen.

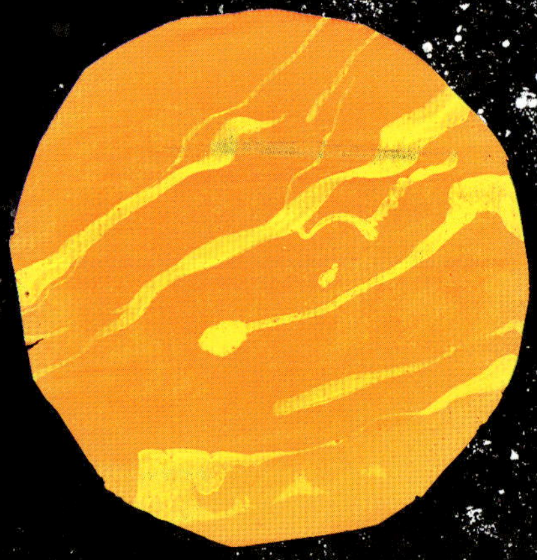

Wie fühlen sich deine Planeten an?

UNEBEN? WEICH? HART?

PAPIERTÜTEN-SAFARI

Tiere aus Papiertüten basteln ist ganz einfach – schneide Formen aus Papier aus und klebe sie auf die Tüten. Die Anleitungen und Ideen auf den folgenden drei Seiten helfen dir dabei.

BEVOR DU EINE TÜTE BEKLEBST

Schneide die Henkel ab ...

... und drücke den Boden flach, um das Gesicht darauf gestalten zu können.

ZEBRA

Schneide zwei **OHREN** mit abgerundeter Spitze aus.

Klebe zwei rosa Tropfenformen darauf.

Um deinem Zebra eine zackige **MÄHNE** zu geben, schneide mehrmals in einen schwarzen Papierstreifen und klebe ihn an die Rückseite.

Schneide ein großes Oval als **SCHNAUZE** aus. Zeichne mit einem schwarzen Filzstift Nasenlöcher und Mund ein.

Zeichne oder klebe als **AUGE** einen schwarzen Punkt auf einen weißen Kreis.

gebogene **STREIFEN** aus schwarzem Papier

BLÄTTERE UM ...

FLUSS-PFERD

tropfenförmige
OHREN

FÜR DIE AUGEN

1 Falte ein graues Blatt Papier von rechts nach links. Zeichne ein großes C und schneide entlang der Linie. Öffne die Form.

2 Schneide vier Kreise wie diese aus.

Klebe sie der Größe nach aufeinander.

Aus einer kleineren Tüte kannst du ein Baby-Flusspferd basteln. Male braune Flecken darauf. Es sind Spuren eines Schlammbads.

SO BASTELST DU DIE SCHNAUZE

1 Zeichne auf rotem Papier einen Kreis um eine kleine Schüssel. Schneide ihn aus.

2 Klebe den Kreis in die Mitte eines Papiertellers oder auf einen Kreis aus dickem Papier. Falte ihn, wie hier gezeigt.

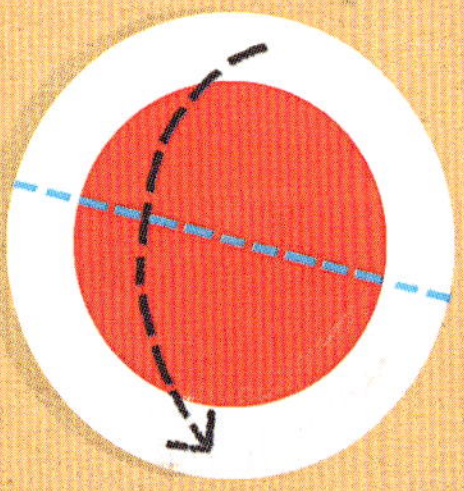

3 Schneide vier kleine Rechtecke als Zähne aus. Knicke die Enden um und klebe sie an diesen Laschen auf – zwei oben und zwei unten.

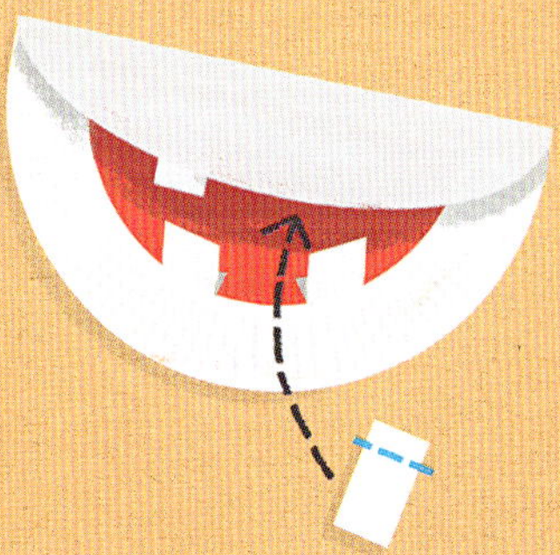

4 Schneide halbrunde Nasenlöcher aus. Falte Laschen und klebe sie auf die Schnauze.

Zeichne diese Punkte und Linien ein.

5 Klebe die Schnauze mit viel Kleber auf den Tütenboden unter die Augen.

LÖWE

MÄHNE KRÄUSELN

1 Schneide orangefarbenes Papier in viele schmale Streifen. Lege einen Bleistift auf einen Streifen.

2 Rolle den Bleistift so, dass sich das Papier eng darum wickelt. Je mehr du wickelst, desto mehr kräuselt sich der Streifen.

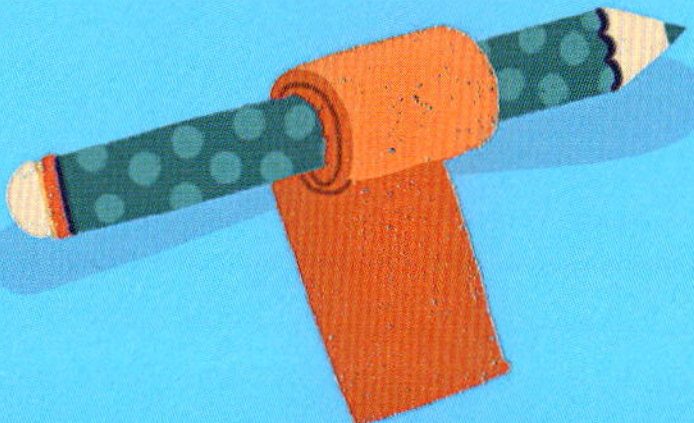

3 Wenn du fertig bist, ziehe den Bleistift heraus.

Kräusele auch die anderen Streifen und klebe sie hinter das Gesicht des Löwen.

Zeichne buschige **AUGENBRAUEN**.

Klebe ein Viereck, das unten breiter wird, zwischen die Augen und darunter ein Dreieck als **NASE**.

Klebe kleine Punkte und Zähne an das **MAUL**.

runde **OHREN**

Klebe lange, dünne **SCHNURRHAARE** dazu.

BRÜLL

PFOTEN

1 Schneide zwei Bogenformen aus und falte Laschen.

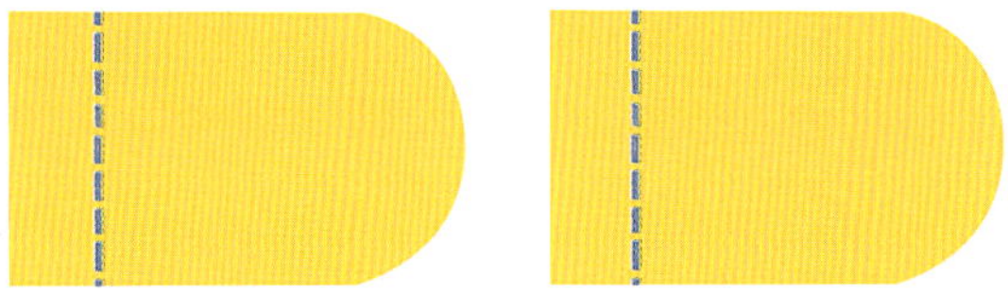

2 Zeichne Linien als Krallen, bevor du die Formen an den Laschen an die Tüte klebst. Biege die Pfoten nach unten.

KONTRAST-BLÄTTER

Mithilfe der zwei Bastelmethoden auf diesen Seiten kannst du Bilder mit Blättern entwerfen. Du brauchst dafür verschiedenfarbiges Papier.

FALTEN UND SCHNEIDEN

1 Falte ein Blatt Papier von links nach rechts. Wähle eine halbe Blattform aus (auf der rechten Seite unten) und zeichne sie direkt an den Knick.

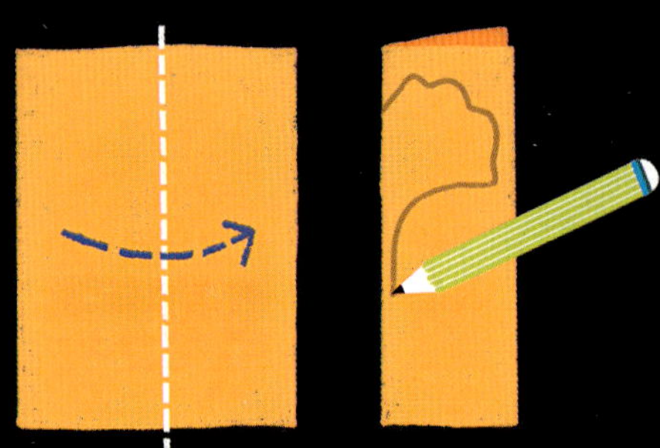

2 Schneide die Form aus und schneide dann in die gefaltete Seite, wie hier gezeigt.

3 Öffne das Blatt. Verteile Kleber auf einer Seite und klebe es auf ein andersfarbiges Blatt Papier.

GINGKO

Aus dem Papier, das in Schritt 2 übrig bleibt, kannst du ein anderes Bild machen.

EICHE

Wenn du nur eine Seite auf das Papier klebst, zeigt die andere nach oben und wirft einen Schatten.

AN DER KANTE SCHNEIDEN

1 Schneide ein schmales Rechteck aus Papier aus. Zeichne mit Bleistift eine halbe Blattform an den linken Rand.

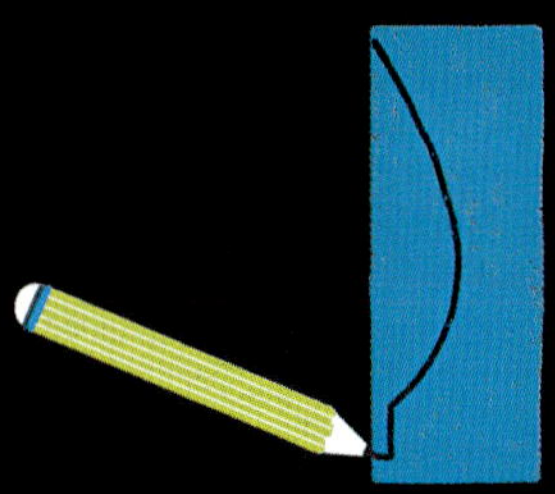

2 Schneide das halbe Blatt aus.

Das andere Stück brauchst du in Schritt 4.

3 Schneide an der geraden Seite ...

... schmale Stücke als Blattrippen heraus.

Diese Streifen brauchst du in Schritt 4.

4 Lege alle Teile vorsichtig auf ein andersfarbiges Blatt Papier und klebe sie fest. Folge dabei der Reihenfolge rechts.

LORBEER

EUKALYPTUS

Bleistiftmarkierungen kannst du vorsichtig mit einem Radiergummi wegradieren.

STECHPALME

HALBE BLATT-FORMEN

PINGUIN-WETTKAMPF

Lass Pinguine aus Papier in einem Gleichgewichtsspiel gegeneinander antreten. Zwei Spielende basteln zunächst je einen Pinguin aus einem 15 x 15 cm großen quadratischen Blatt.

1 Falte das Quadrat in der Mitte von links nach rechts. Falte es dann noch einmal.

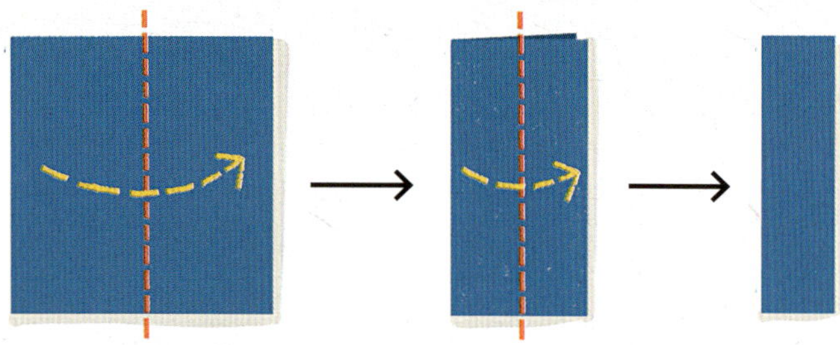

2 Falte es nun von oben nach unten und öffne es wieder.

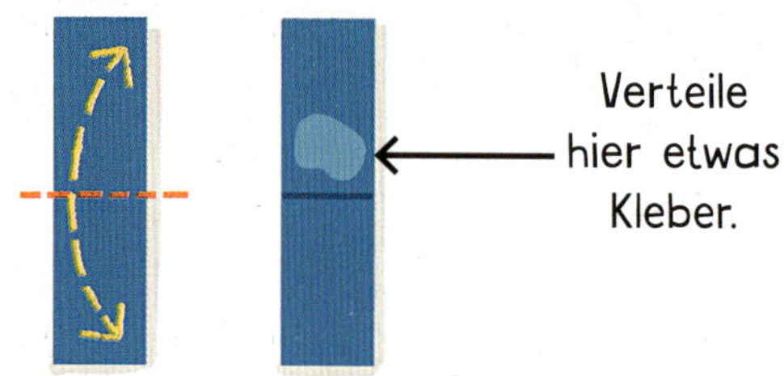

3 Falte die obere Hälfte so, dass die linke Kante an der Faltlinie liegt.

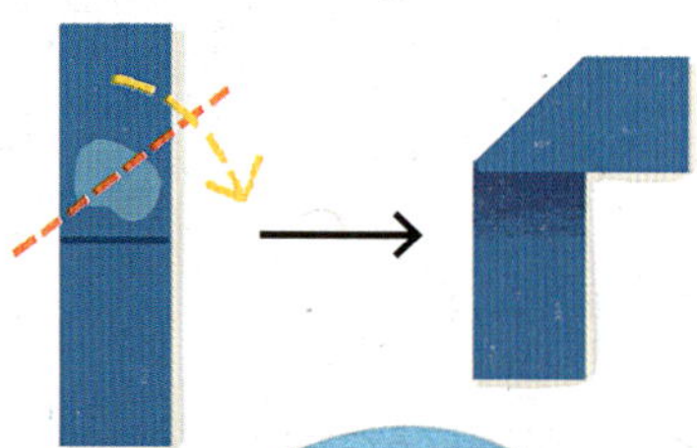

4 Wende das Papier. Verteile Kleber auf dem quadratischen Teil. Falte entlang der gestrichelten Linie.

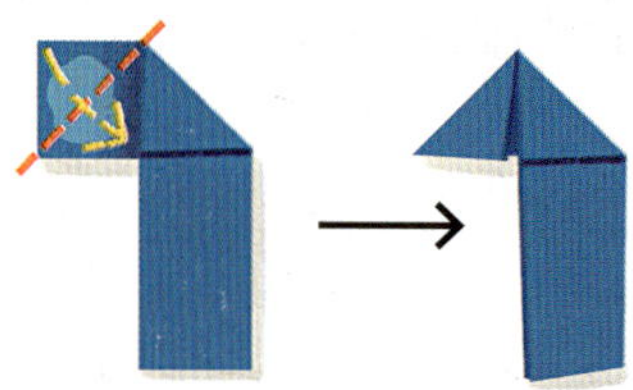

5 Zeichne ein Gesicht, Füße und Flügel auf die Figur.

DAS SPIEL

Lege ein Blatt Papier auf einen Tisch zwischen die Spielenden. Zeichne eine Eisscholle in die Mitte.

Das ist das Meer. Zeichne Wellenlinien.

Stelle die zwei Pinguine auf die Eisscholle, sodass sich ihre Schnäbel berühren.

Dann schlagen die Spielenden mit ihren Fäusten auf den Tisch. Ziel ist es, den Pinguin des Gegenspielers zum Umfallen zu bringen.

FALT-GIRLANDEN

Dreimal falten, schneiden und dann öffnen.
Das ist das Geheimnis dieser einfachen Girlanden.

1 Falte einen Papierstreifen dreimal in der Mitte, kurze Seite auf kurze Seite.

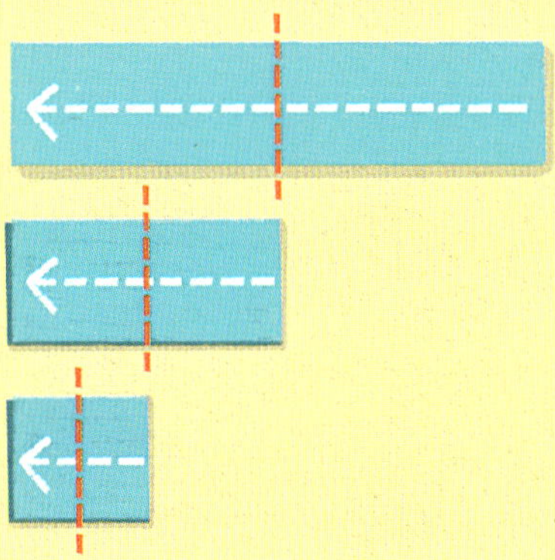

Falte immer in die gleiche Richtung.

2 Zeichne ein Muster darauf. Rechts findest du Anregungen. Übertrage die schwarzen Linien.

3 Schneide entlang der schwarzen Linien.

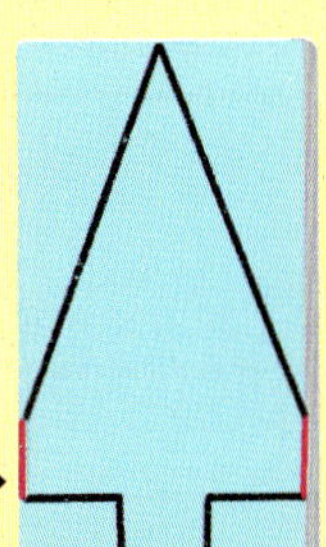

Schneide **NICHT** entlang der pinkfarbenen Faltkanten.

4 Öffne die Girlande vorsichtig.

PAPIER-FLUGSCHAU

Auf den nächsten vier Seiten findest du Bastelanleitungen für Fluggeräte. Du brauchst nur rechteckiges Papier.

FLUGZEUG

Du kannst gemustertes oder einfarbiges Papier verwenden – es muss nur dünn genug sein, um sich gut falten zu lassen.

1 Falte das Papier der Länge nach in der Mitte und öffne es wieder.

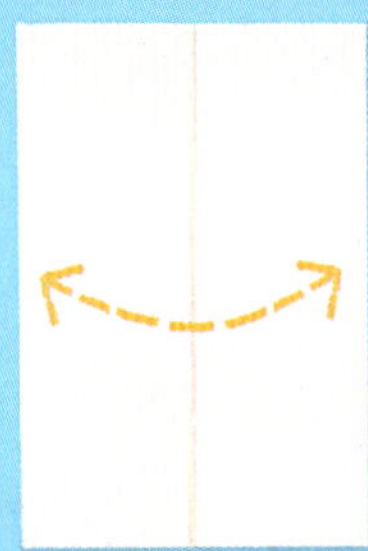

2 Falte die beiden oberen Ecken so zur Mitte hin, dass sie sich berühren.

3 Falte die Spitze nach unten um.

HUBSCHRAUBER

1 Schneide einen Streifen von der langen Seite eines Blatt Papiers. Falte ihn in der Mitte.

2 Falte beide Seiten in der Mitte nach unten.

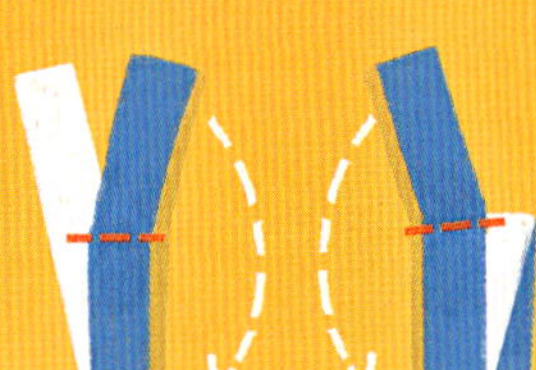

3 Klebe das Papier hier zusammen.

4 Falte die oberen Ecken vorsichtig zur mittleren Faltlinie, so wie im Bild.

5 Falte diese kleine Spitze nach oben.

Drehe das Papier um.

SO FLIEGT ES

Halte das Flugzeug unter den Tragflächen zwischen deinem Daumen und deinen Fingern und wirf es dann mit Schwung nach vorn. Schaffst du es, dass es Loopings macht?

6 Falte das Flugzeug in der Mitte von links nach rechts.

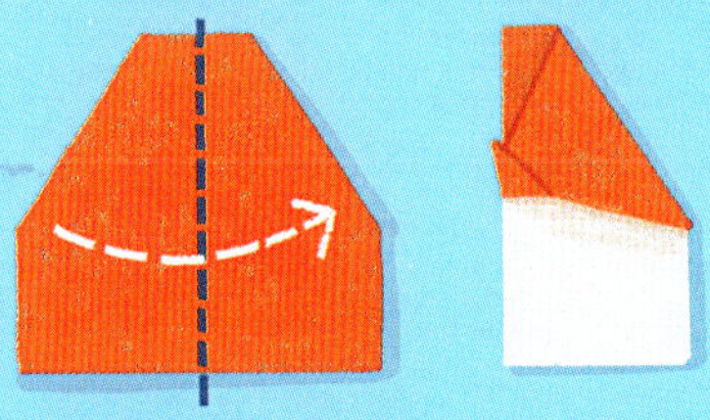

7 Falte auf jeder Seite die Tragflächen nach unten.

8 Falte die Ecken der Tragflächen nach oben.

4 Falte entlang der gestrichelten Linie nach oben, um eine Tragfläche zu konstruieren ...

... so wie hier.

Wiederhole diesen Schritt auf der anderen Seite.

5 Öffne die Tragflächen.

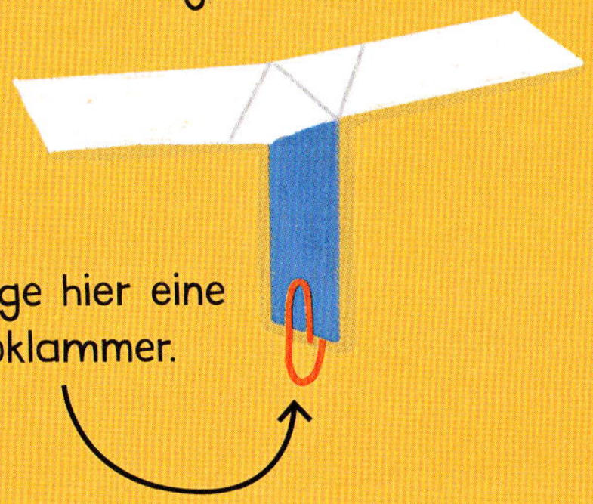

Befestige hier eine Büroklammer.

SO FLIEGT ER

Halte den Hubschrauber hoch und lass ihn los. Sieh zu, wie schnell oder langsam er auf den Boden trudelt.

BLÄTTERE UM ...

BUMERANG

1 Falte ein Papier der Länge nach in der Mitte und öffne es wieder. Schneide es entlang der Faltlinie auseinander.

2 Falte diese Hälfte wieder der Länge nach in der Mitte und öffne sie. Falte dann beide Längsseiten zur Mitte.

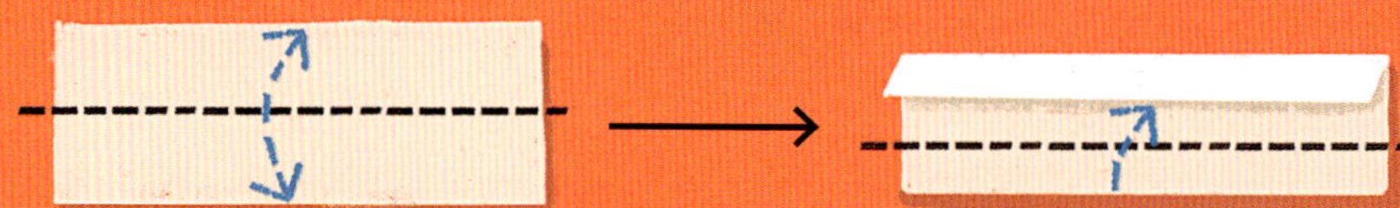

3 Falte das Papier in der Mitte von rechts nach links. Falte dann die obere und untere rechte Ecke zur Mitte hin.

4 Öffne die Faltvorgänge aus Schritt 3 wieder. Schlage dann alle vier Ecken ein wie im Bild.

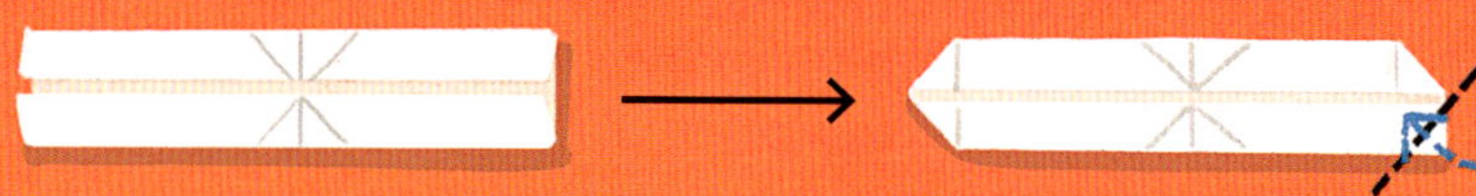

GLEITER

1 Falte ein rechteckiges Blatt Papier in der Mitte, so wie hier. Öffne es und schneide es an der Faltlinie durch.

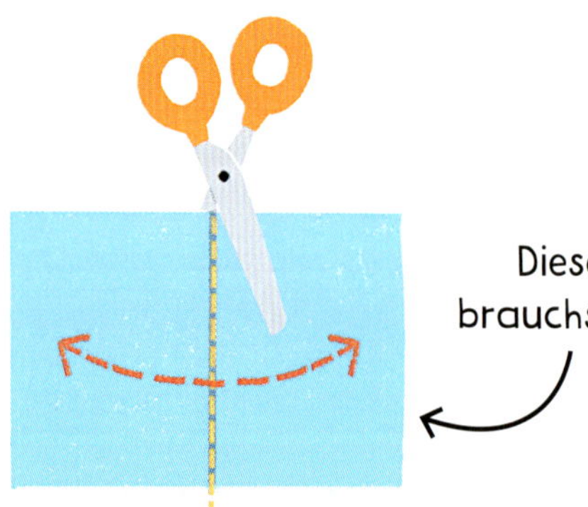

2 Falte die obere linke Ecke an der gestrichelten Linie nach unten.

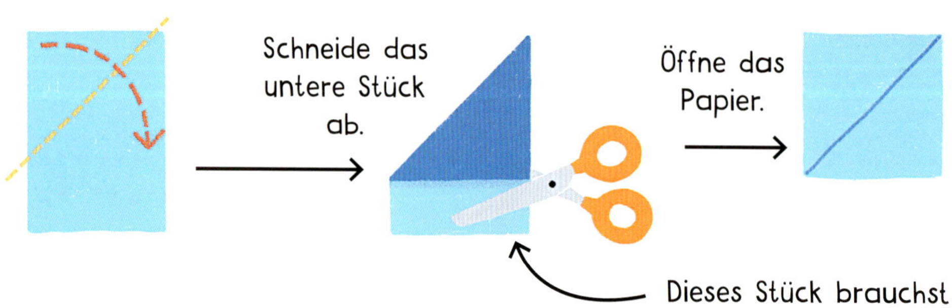

3 Lege das Papier so wie im Bild vor dich hin und falte die obere Ecke in kleinen Schritten nach unten …

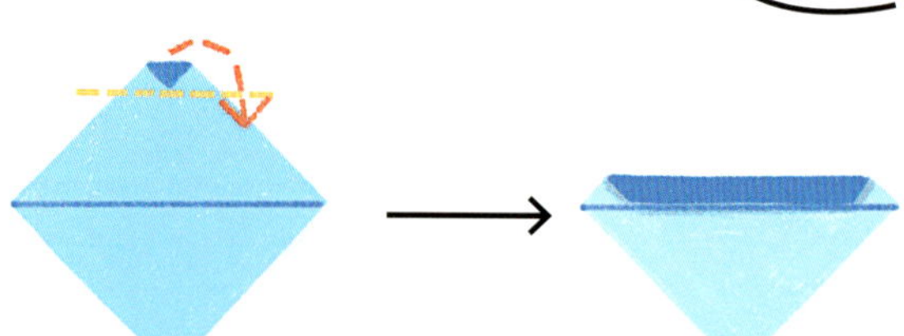

5 Falte die rechte Seite entlang der gestrichelten Linie nach unten.

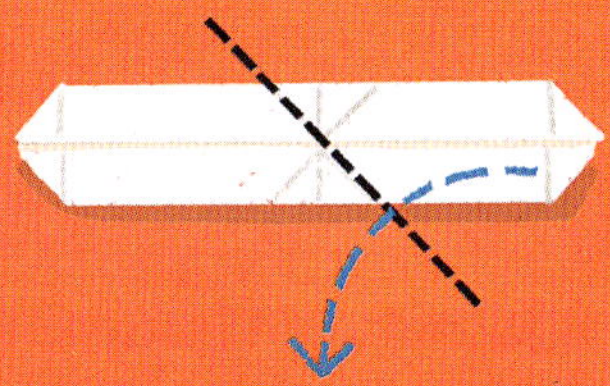

6 Verteile Kleber hier …

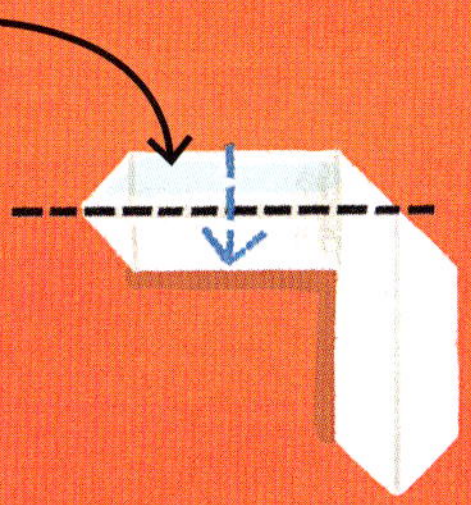

… und falte den oberen Teil entlang der gestrichelten Linie nach unten …

7 … damit es so aussieht. Wende den Bumerang.

8 Falte die linke Seite an der gestrichelten Linie und klebe sie fest. Warte, bis der Kleber getrocknet ist, bevor du den Bumerang fliegen lässt.

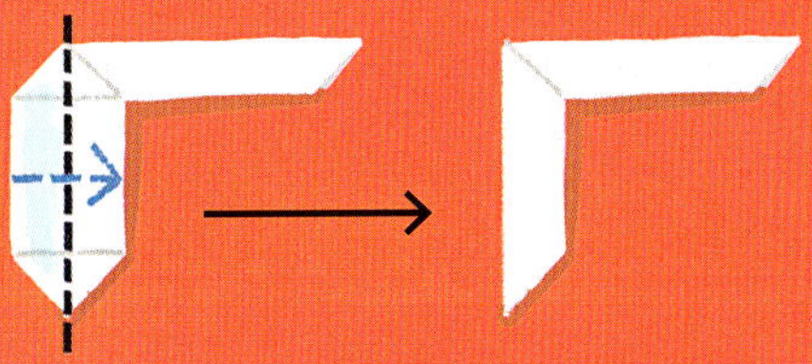

Male Muster auf den Bumerang.

SO FLIEGT ER

Halte ein Ende des Bumerangs flach zwischen Daumen und Zeigefinger. Dein Daumen liegt dabei oben. Wirf ihn und versuche ihn aufzufangen, falls er zu dir zurückkommt.

4 Drehe das Papier um und verziere es mit Mustern.

5 Biege das Papier rund zusammen und klebe ein Ende auf das andere.

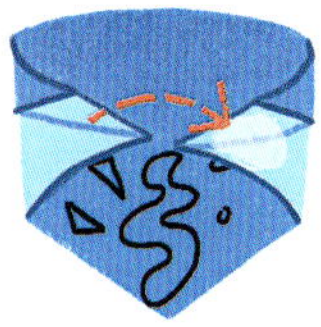

6 Schneide das in Schritt 2 übrig gebliebene Stück in zwei Hälften.

Du brauchst nur einen der Streifen. Zeichne Muster darauf.

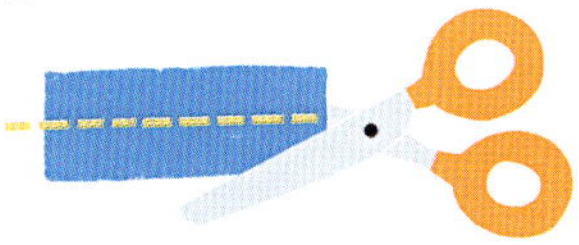

7 Klebe die Streifenmitte auf die Verbindungstelle des Gleiters.

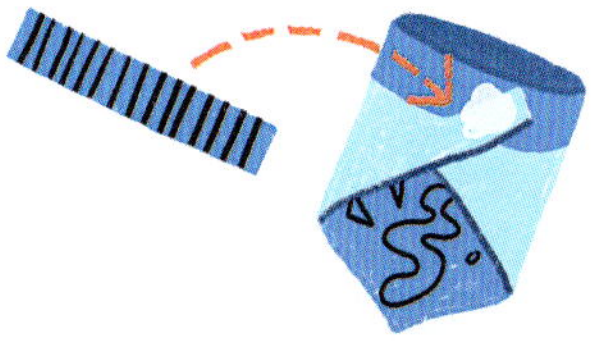

SO FLIEGT ER

Nimm den Gleiter zwischen Zeigefinger und Daumen mit der Spitze nach hinten. Wirf ihn langsam und probiere es so lange, bis er ruhig gleitet.

WURZELWELT

Du kannst aus alten braunen Umschlägen oder Packpapier Baumwurzeln basteln. Sie brauchen einen oder zwei Tage zum Trocknen, aber dann kannst du eine fantasievolle Wurzelwelt entwerfen, in der sich überraschende Gäste tummeln.

1 Reiße die Umschläge und das Packpapier in große Stücke. Tauche sie nacheinander in eine Schale Wasser.

2 Nimm das feuchte Papier mit beiden Händen und drehe die Enden in entgegengesetzte Richtungen.

3 Drehe immer weiter, bis du eine knubbelige, knorrige Wurzelform gedreht hast. Lass sie trocken.

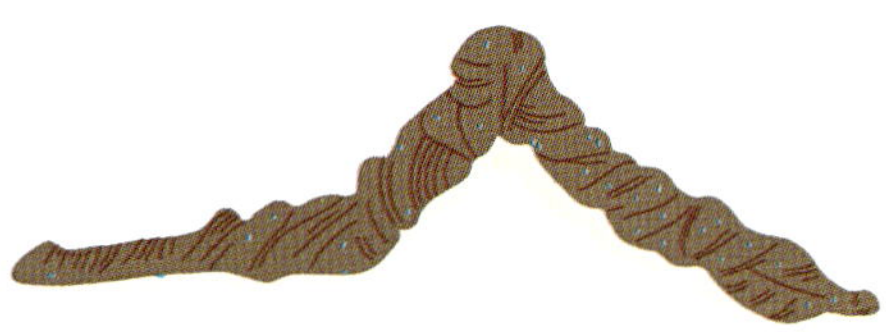

Du kannst die Wurzel in einem Pappkarton feststecken, während sie trocknet. So behält sie ihre Form.

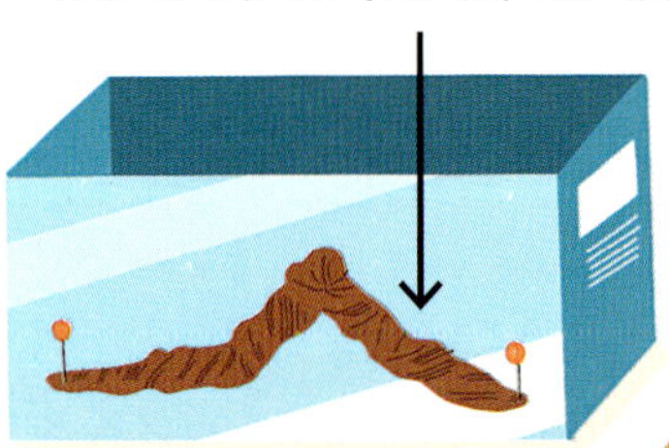

4 Wenn alle Wurzeln trocken sind, verteile sie auf einem großen Blatt Papier. Gestalte deine Wurzelwelt mithilfe der Anregungen auf der rechten Seite. Klebe dann alles fest.

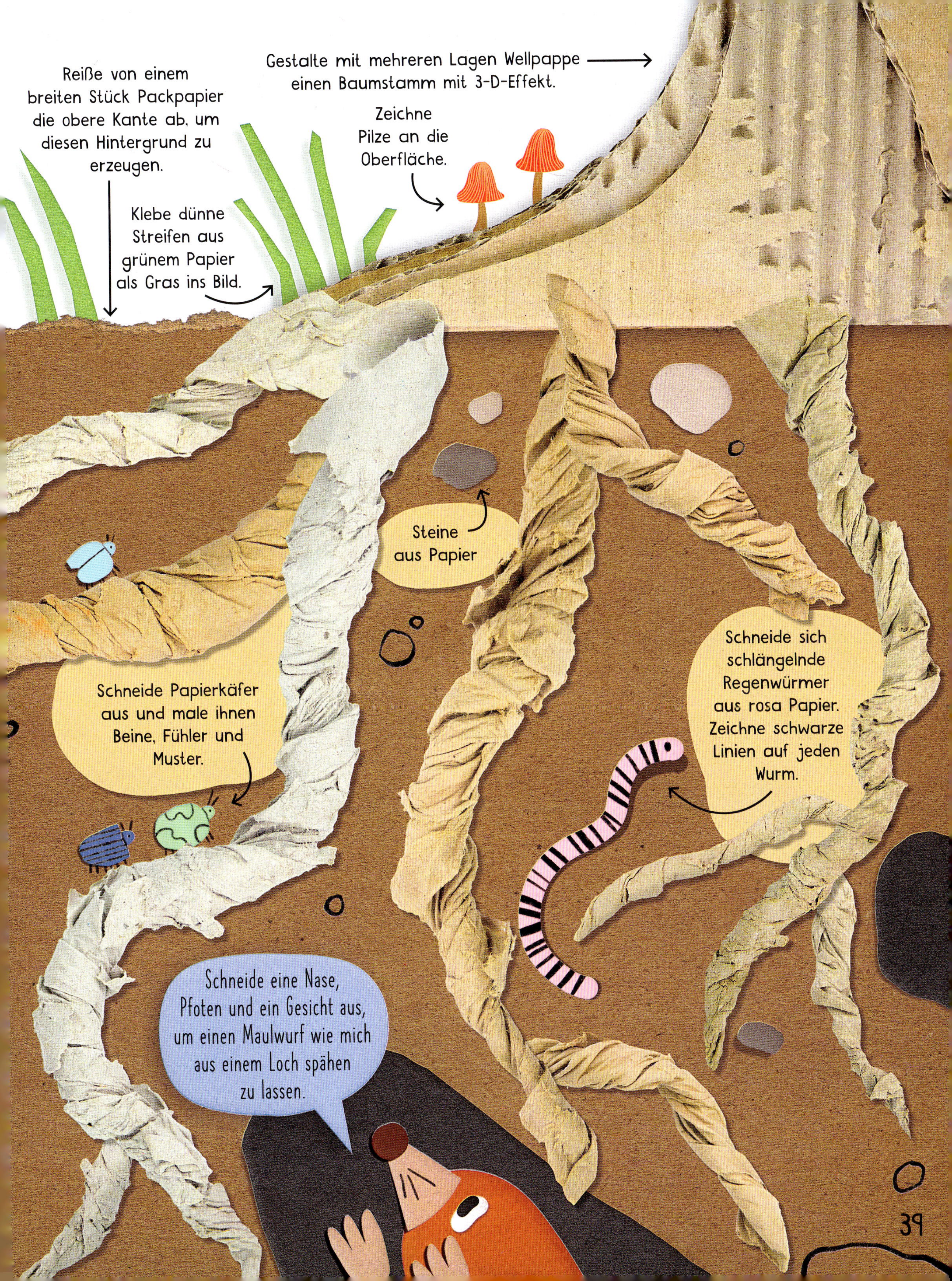

Reiße von einem breiten Stück Packpapier die obere Kante ab, um diesen Hintergrund zu erzeugen.
Gestalte mit mehreren Lagen Wellpappe einen Baumstamm mit 3-D-Effekt.
Zeichne Pilze an die Oberfläche.
Klebe dünne Streifen aus grünem Papier als Gras ins Bild.
Steine aus Papier
Schneide Papierkäfer aus und male ihnen Beine, Fühler und Muster.
Schneide sich schlängelnde Regenwürmer aus rosa Papier. Zeichne schwarze Linien auf jeden Wurm.
Schneide eine Nase, Pfoten und ein Gesicht aus, um einen Maulwurf wie mich aus einem Loch spähen zu lassen.

GEHEIME NACHRICHTEN UND BILDER

Möchtest du Wörter oder Bilder auf einem Blatt Papier verbergen? Hier erfährst du, wie das geht und wie du sie wieder enthüllst.

PAPIER ANFEUCHTEN

1 Befeuchte ein Tuch mit Wasser und wische damit über ein weißes Blatt Papier.

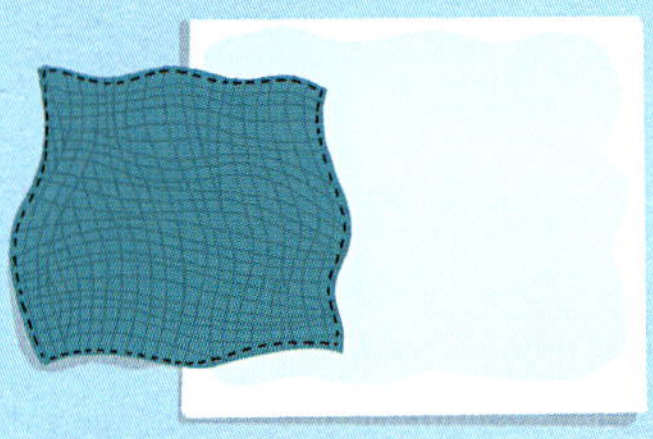

2 Lege ein trockenes Blatt Papier auf das feuchte. Schreibe Wörter oder zeichne einfache Muster mit einem Bleistift darauf.

3 Entferne das obere Blatt. Du solltest die Wörter oder Muster auf dem unteren Blatt sehen. Lass es trocknen.

Während das Papier trocknet, **VERSCHWINDEN** die Wörter und Muster.

4 Um die Wörter **WIEDERERSCHEINEN** zu lassen, wische mit einem feuchten Tuch darüber.

SO FUNKTIONIERT ES

Der Bleistift drückt Spuren in das feuchte Papier. Man kann sie nicht sehen, wenn das Papier trocken ist. Aber wenn man es wieder anfeuchtet, sind sie zu erkennen.

DURCHSCHREIBEN

1 Lege ein Blatt Papier auf ein anderes. Schreibe etwas darauf. Drücke dabei fest mit dem Stift auf.

2 Nimm das untere Blatt und reibe mit einem Wachsmalstift oder Bleistift vorsichtig darüber.

Kannst du die Wörter sehen, die du geschrieben hast?

SO FUNKTIONIERT ES

Durch das Drücken mit dem Bleistift entsteht ein Abdruck auf dem unteren Blatt. Dieser Abdruck ist tiefer als die Oberfläche des Blatts, daher gelangt dort keine Farbe hin.

MIT LICHT WÖRTER ERSCHEINEN LASSEN …

1 Falte ein dünnes weißes Blatt Papier von links nach rechts und dann von oben nach unten.

2 Öffne es. Schreibe mit einem schwarzen Stift eine Nachricht in das untere rechte Viertel.

3 Falte wie in Schritt 1 und klebe die Lagen zusammen.

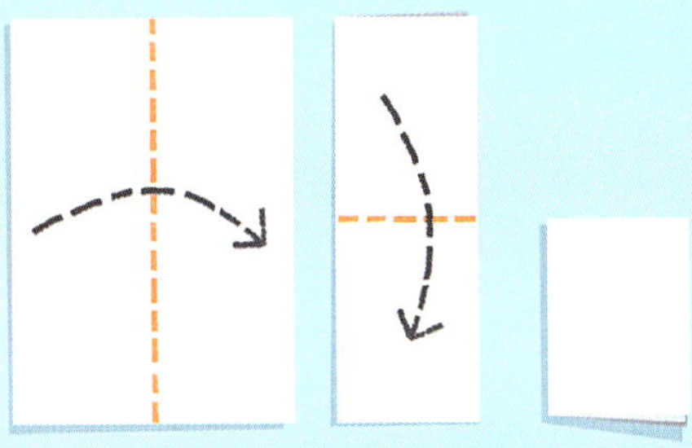

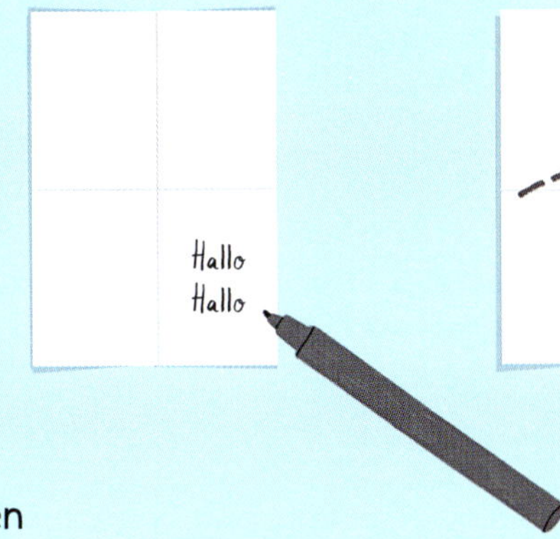

4 Du kannst die Nachricht nur lesen, wenn du das Papier in einem dunklen Raum an eine Lampe hältst.

… UND BILDER VERÄNDERN

Wiederhole die Schritte oben, aber zeichne Punkte oder Schnörkel in Schritt 2. Zeichne einen Außerirdischen außen auf das gefaltete Papier.

SO FUNKTIONIERT ES

Die Farbe des Stifts absorbiert Licht, wenn es durch das Papier scheint. Dadurch kannst du die Wörter oder Muster von außen erkennen.

BALLON
IN DEN WOLKEN

Wenn du diesen Heißluftballon bastelst und ihn aufhängst, sieht es aus, als würde er in der Luft schweben.

1 Lege Pauspapier auf die zwei Vorlagen unten. Zeichne mit einem Bleistift entlang der schwarzen Linien.

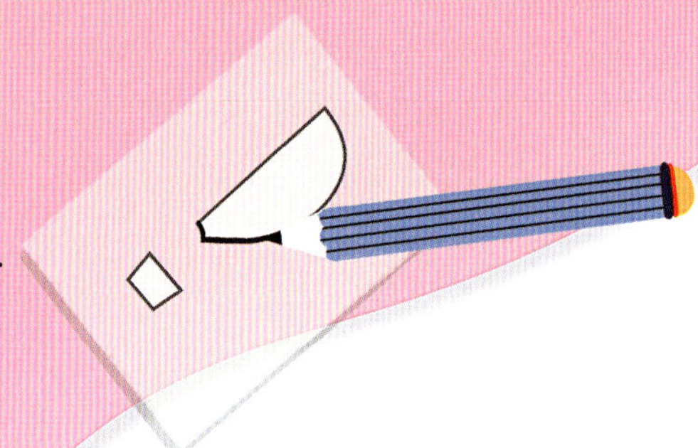

VORLAGEN

BALLON

KORB

2 Wende das Pauspapier und lege es auf dickes Papier. Fahre mit einem Bleistift fest entlang der Bleistiftlinien.

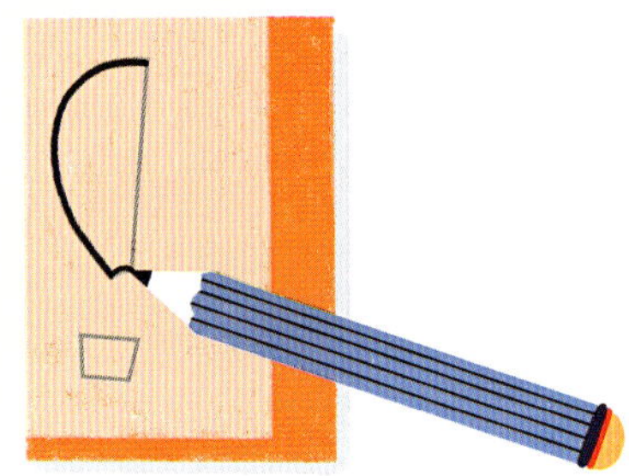

3 Die Bleistiftlinien sollten auf dem dicken Papier zu sehen sein. Schneide beide Formen aus.

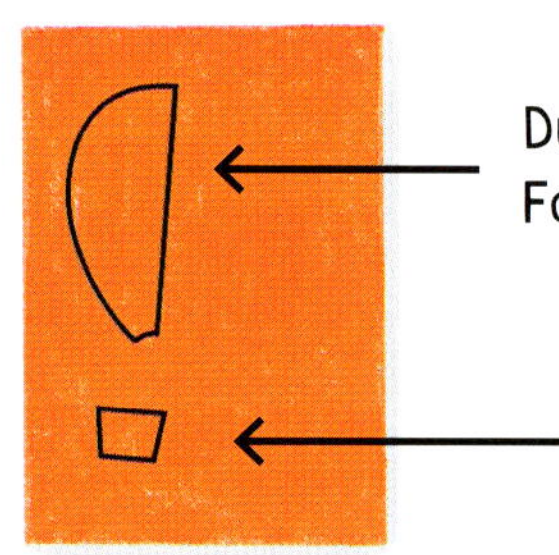

Du brauchst diese Form im nächsten Schritt.

Diese Form ist für Schritt 8.

4 Falte ein dünnes Blatt Papier, aus dem du den Ballon basteln willst, in der Mitte.

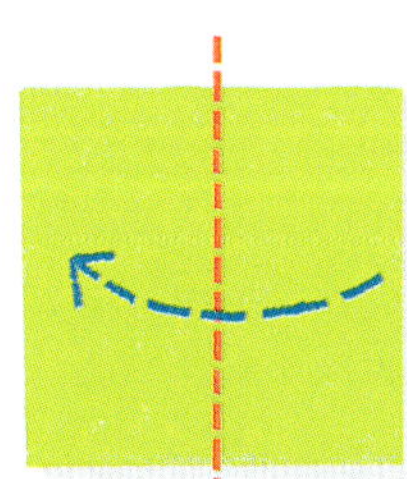

Lege die Ballonvorlage darauf und zeichne um die gebogene Form.

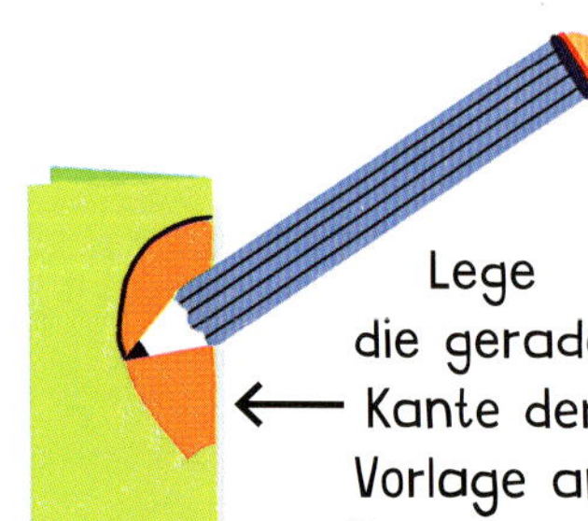

Lege die gerade Kante der Vorlage an die gefaltete Kante.

5 Schneide entlang der Linie durch beide Lagen. Wiederhole Schritt 4 und 5 noch fünfmal.

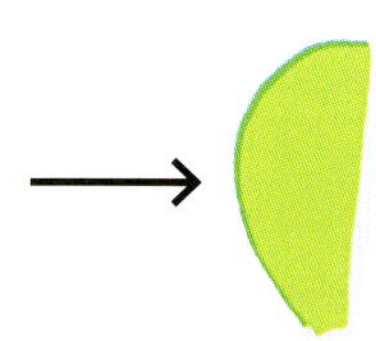

Öffne die sechs Papiere **NOCH NICHT**!

6 Verteile Kleber auf der Oberseite einer Ballonform und klebe eine weitere Form darauf.

Verwende verschiedenfarbiges Papier, um einen bunten Ballon zu basteln.

7 Klebe alle Formen sorgfältig aufeinander. Verteile dann mehr Kleber auf der letzten Form und klebe ein langes Stück Schnur neben die gerade Kante.

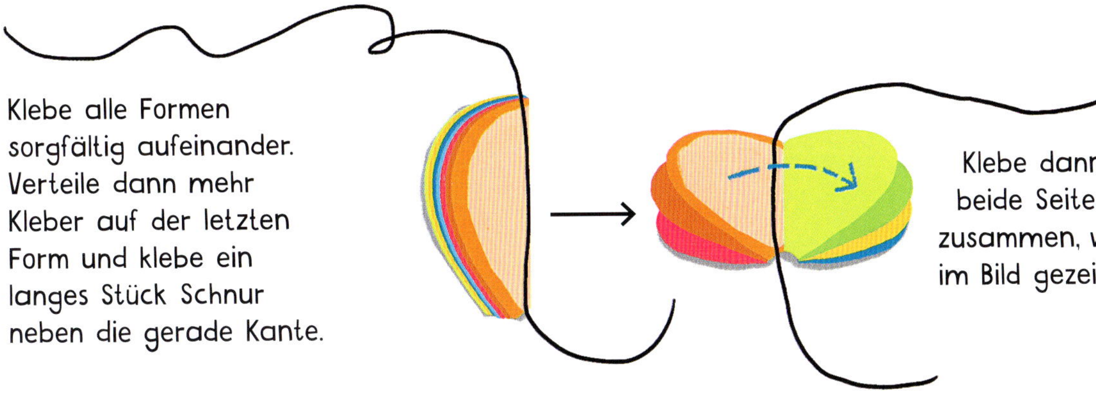

Klebe dann beide Seiten zusammen, wie im Bild gezeigt.

8 Falte ein weiteres Blatt Papier in der Mitte und zeichne um die Korbform.

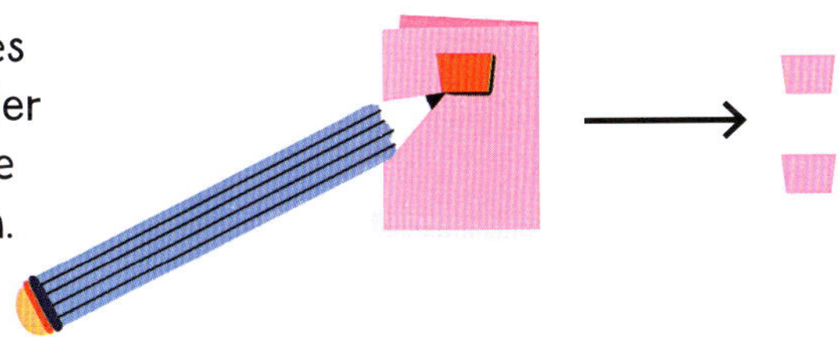

Schneide entlang der Linien durch beide Lagen. Du hast dann zwei Formen.

9 Klebe die Korbformen unterhalb des Ballons fest, sodass die Schnur zwischen ihnen liegt. Denke daran, genug Schnur für die Wolken übrig zu lassen.

10 Öffne nun alle Ballonformen, um einen 3-D-Effekt zu erhalten.

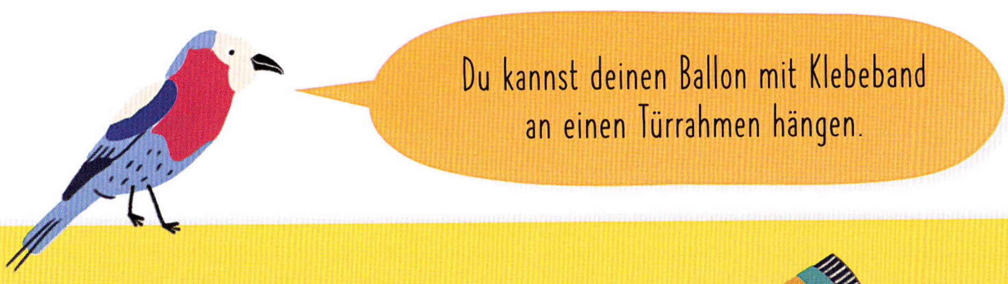

WOLKEN HINZUFÜGEN

Reiße weißes Küchenpapier in große Stücke. Reiße ein Loch in die Mitte der Stücke und fädle die Schnur hindurch.

Zerknülle das Papier und klebe es an der Schnur fest.

REISSEN UND KLEBEN

Wenn du Papier zerreißt, kannst du nicht im Voraus sagen, welche Formen entstehen. Spiele mit dieser Zufälligkeit und gestalte aus den unterschiedlichen Stücken fantasievolle Bilder.

Wenn du alte Zeitschriftseiten zerreißt, wirst du unter dem Gedruckten weißes Papier sehen.

Kannst du beim Reißen **DIE RICHTUNG ÄNDERN**? Es ist gar nicht so leicht.

Du kannst Papier **SCHNELL** oder **LANGSAM** zerreißen.

Reiße zwei kurze Schlitze in den Papierrand, um eine Lasche zu formen.

Ziehe vorsichtig an der Lasche, um einen zerklüfteten **TUNNEL** ins Papier zu reißen.

Mit diesem Trick kannst du eine **GERADE** Linie reißen:

Lege ein Lineal auf das Papier und drücke es fest nach unten. Ziehe mit deiner anderen Hand das Papier über die Linealkante.

Was ist das **KLEINSTE** Stück, das du reißen kannst?

Klebe gerissene Streifen eng zusammen, um ein Meer mit Wellen zu entwerfen.

Wusstest du, dass Papier zum größten Teil aus winzigen Holzfasern besteht? Du kannst diese Fasern sehen, wenn du dir die abgerissenen Kanten genau ansiehst.

Falte ein kleines Stück Papier in der Mitte und reiße eine Form an der gefalteten Kante durch beide Lagen. Öffne die Form.

Das übrig gebliebene Papier hat ein ungewöhnliches Loch. Klebe es in dein Bild.

Klebe runde Stücke übereinander, damit sie wie Fischschuppen wirken.

Es ist einfacher, entlang einer Linie zu reißen, die du vorher aufgezeichnet hast.

ZEITMASCHINE AUS PAPPBECHERN

Bastle aus zwei gleichen Pappbechern eine Zeitmaschine, mit der du in die Vergangenheit und in die Zukunft blicken kannst.

1 Stelle einen Becher auf ein Blatt Papier und zeichne um ihn herum. Drehe den Becher um und zeichne erneut um ihn herum.

2 Schneide beide Kreise aus. Klebe den kleineren Kreis an einen der Becher in die Mitte.

3 Schneide den Becher gerade bis knapp über den Kreis ein.

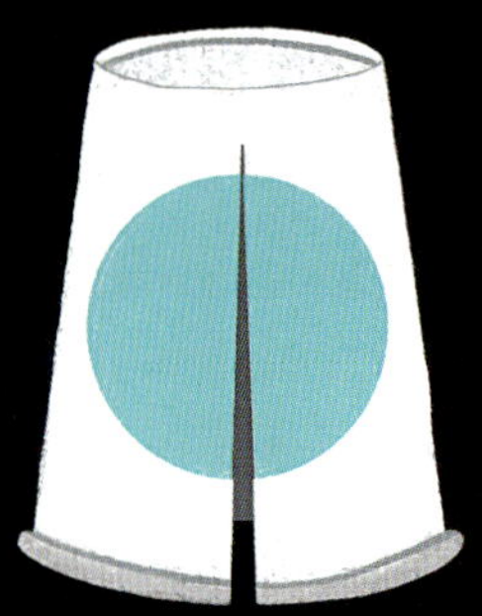

4 Schneide den Kreis aus.

5 Stelle den zweiten Becher auf den größeren Kreis und zeichne um ihn herum.

6 Öffne den Papierring. Klebe ihn um das Loch, um die unebene Kante zu verdecken.

7 Stecke die Becher übereinander, so wie hier.

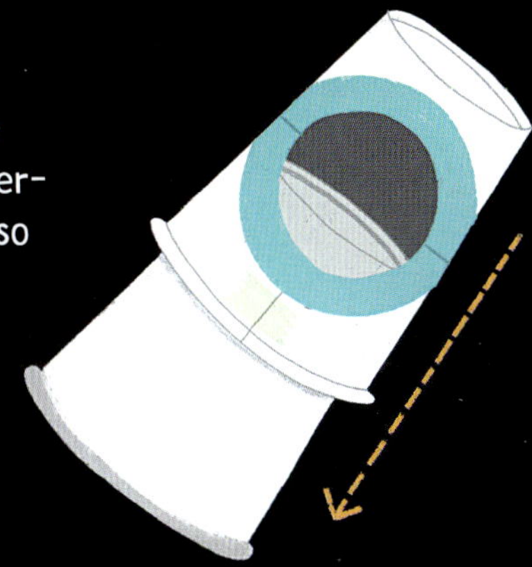

8 Zeichne einen Punkt oben und unten im Loch ein. Mache mit dem äußeren Becher eine Vierteldrehung und zeichne zwei weitere Punkte oben und unten ein. Wiederhole das noch zweimal.

Die Punkte zeigen, wo du im nächsten Schritt zeichnen musst.

9 Nimm den inneren Becher heraus. Zeichne vier Bilder aus verschiedenen Zeiten jeweils zwischen zwei Punkte. Halte den Becher mit deiner anderen Hand fest. Du könntest einen Dinosaurier, eine Burg, eine Galeone und eine Stadt aus dem Jahr 2100 zeichnen.

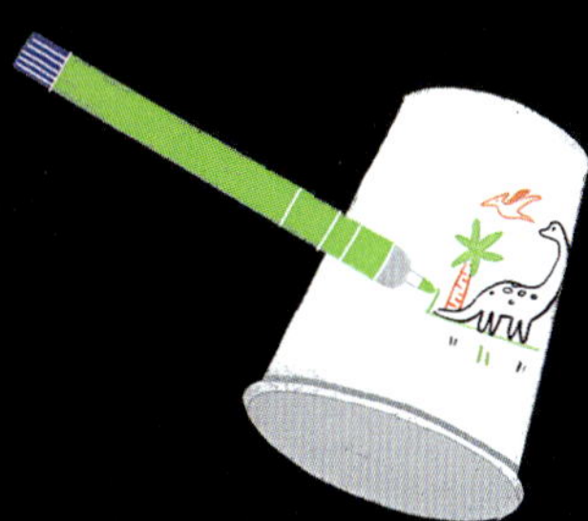

10 Setze die Becher wieder übereinander. Drehe sie und genieße deine Zeitreise!

EXTRATEILE

Schneide Formen aus Papier aus und klebe sie an deine Zeitmaschine.

Falte einen Streifen wie eine Ziehharmonika oder klebe Kreise an ein langes, dünnes Dreieck als Antenne. Falte eine Lasche, um sie anzukleben.

Schalter, Rädchen und Scheiben

LAUTER DREIECKE

Dreiecke sind die perfekte Form für Berge, Bäume, Gebäude und Boote. Hier erfährst du, wie du schnell viele Dreiecke auf einmal ausschneiden kannst.

1 Wähle aus, welche Linien du auf buntes Papier zeichnen möchtest:

Zickzacklinien ...

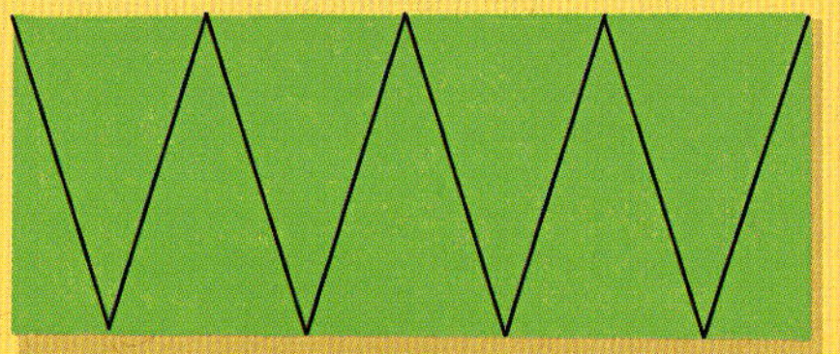

... oder abwechselnd diagonale und gerade Linien.

2 Schneide entlang der Linien. Dann kannst du loslegen und aus den Dreiecken Bilder kleben.

Klebe Dreiecke aus Seidenpapier auf andere Dreiecke für einen besonderen Effekt.

Aus zwei Dreiecken kannst du ein Quadrat bilden.

Schneide die Spitze ab, um diese Form zu erhalten.

Fotos auf Seite 4 © Luciano Mortula/Dreamstime.com, © Angela Forker/Dreamstime.com; Seite 12 © Martina Badini/Dreamstime.com, © Ovydyborets/Dreamstime.com, © Brad Thompson/Dreamstime.com, © Ken Welsh/Alamy Stock Photo, © Jiawangkun/Dreamstime.com; Seite 16-17 © Angela Forker/Dreamstime.com, © Maciej Dvorak/Dreamstime.com; Seite 33 © Boarding1now/Dreamstime.com, © Elwynn/Dreamstime.com, © Luciano Mortula/Dreamstime.com, © Lightfieldstudiosprod/Dreamstime.com, © Krungchingpixs/Dreamstime.com; Seite 44 © Nexusplexus/Dreamstime.com, © Alexmak72427/Dreamstime.com

Bildbearbeitung: John Russell

Zusätzliche Gestaltung: Carly Davies, Kate Rimmer und Lizzie Wright

Übersetzung aus dem Englischen und Satz der deutschen Ausgabe: Andrea Reinacher

Redaktion der deutschen Ausgabe: Julia Hanauer